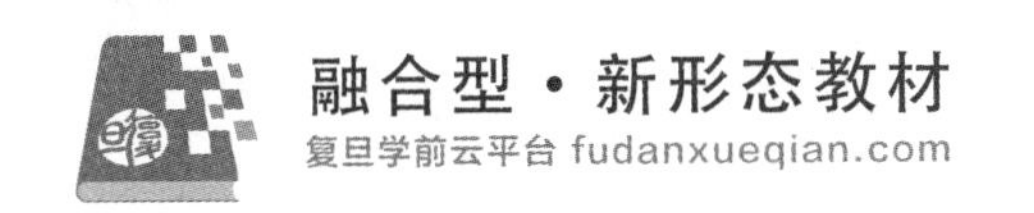

普通高等学校学前教育专业系列教材

实用舞蹈作品教程

主　编　谢　琼
副主编　何涛宏　刘　波　孟　超
编　委　刘昌锦　徐　磊　彭　津
　　　　夏志恒　刘　畅　徐　韵

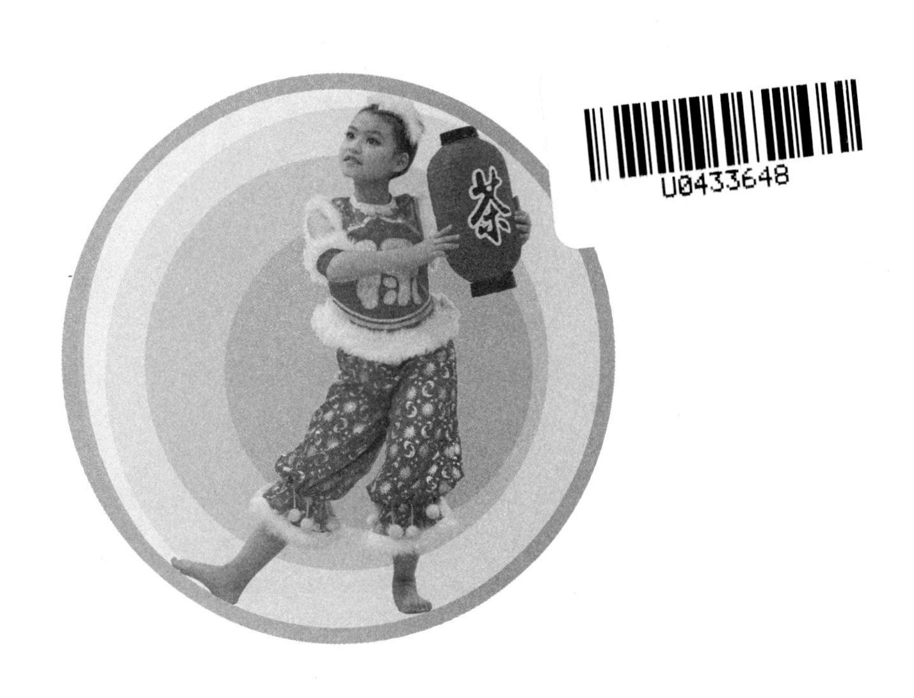

復旦大學出版社

内容提要

本书分为四篇:“舞蹈基础知识与基础训练”“中国民族民间舞蹈”、“流行舞蹈”和“幼儿舞蹈”。利用本教程教学，既可以丰富专业教师幼儿舞蹈教学的素材，也可以锻炼学生对幼儿舞蹈的表现力，开阔学习思路，教学相长，为提高舞蹈专业素质打下坚实基础。

本书适用于学前教育专业、音乐教育专业、旅游专业、商务英语专业和文化管理等专业课程教学，也可作为群艺馆、舞蹈培训教育机构和广大业余舞蹈爱好者的专业参考和音像教材。

本书配有光盘，内含舞蹈分解动作演示，直观生动，便于学习者进行模仿训练。

前言

Preface

《实用舞蹈作品教程》以时代性、科学性、实用性为基本原则，力求将舞蹈的知识性、训练性、娱乐性相结合，提高舞蹈学习者的学习兴趣。教材内容由简至繁，既有教材纵线的系统性，又有横线的相互协调性，便于教师延续性知识讲授。

教程分为四篇：第一篇“舞蹈基础知识和基础训练”，涵盖了地面组合、扶把组合和中间舞姿组合，着重训练学生的基本体态；第二篇“中国民族民间舞蹈”，为本教材重点内容，详细介绍了汉、藏、维、傣、彝、蒙族舞蹈的风格特点、基本步伐和动作要领，并根据教学实际，编导创作了六个舞蹈作品，供学生参考和学习；第三篇“流行舞蹈”，顺应时代要求，贴近学生实际运用，具有时代气息；第四篇“幼儿舞蹈”，包含表演和律动两部分，本篇内容对学前教育专业学生的幼儿舞蹈创编具有实践指导意义。利用本教程教学，既可以丰富专业教师幼儿舞蹈教学的素材，也可以锻炼学生对幼儿舞蹈的表现力，开阔学习思路，教学相长，为提高舞蹈专业素质打下坚实基础。

本教材适用于学前教育专业、音乐教育专业、旅游专业、商务英语专业和文化管理等专业课程教学，也可作为群艺馆、舞蹈培训教育机构和广大业余舞蹈爱好者的专业参考和音像教材。

全书由谢琼统稿；编导组：谢琼、刘昌锦、孟超、徐磊、彭津；摄影：夏志恒；录像：李钜恒；音乐：刘畅、徐韵、何涛宏。在编写过程中，得到了陈妮、姚莉、李诗韵等同志的帮助，在此表示衷心感谢。教材中引用了一些舞蹈音乐，凡是知道作者的，都已署名，还有一些因无法查明原作者，故而署名只能暂付阙如，对此我们深表歉意，欢迎读者惠予提供原作者信息，我们会尽力补正，并按国家相关规定支付报酬。由于时间仓促，又限于编者的水平，教程难免有不足之处，诚恳希望各位读者批评指正。

目录 Contents

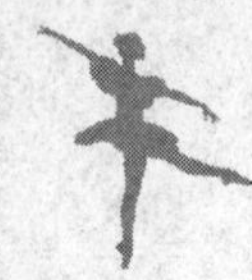

第一篇

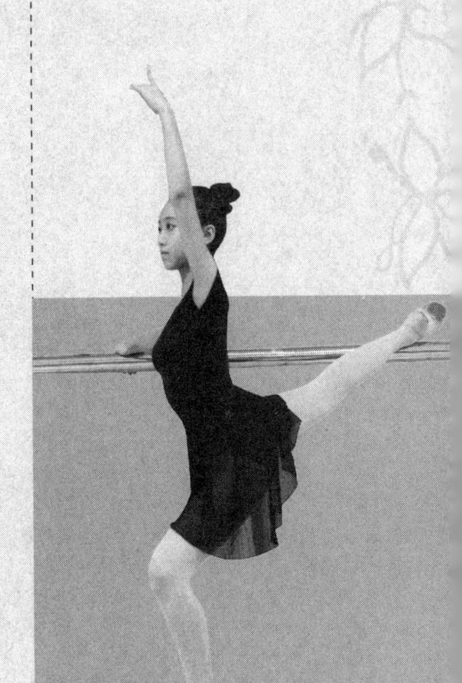

舞蹈基础知识和基础训练

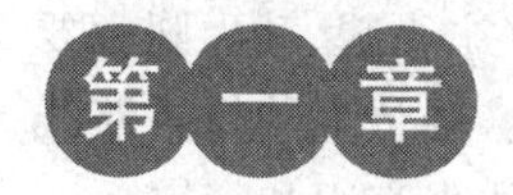

舞蹈基础知识

第一节 芭蕾舞概述

一、芭蕾舞的起源

芭蕾，由法语“ballet”音译而来，而整套的芭蕾术语也都是用法语来表达的。芭蕾舞孕育于意大利文艺复兴时期，17 世纪后期开始在法国发展流行并逐渐职业化，在不断的变更创新中风靡全世界。“芭蕾”一词意为“跳”或“跳舞”。最早的意思只是跳某种形式的舞蹈，并没有赋予其他的内涵，是一种群众广场表演或自娱自乐的舞蹈。在发展进程中形成了严格的芭蕾舞规范和结构形式，经过宫廷的职业舞蹈家提炼加工、高度程式化之后呈现出洋溢着贵族气派的剧场舞蹈，其主要特征是女演员要穿上特制的足尖鞋，立起脚尖起舞。

芭蕾舞作为一门综合性的舞台艺术，结合了音乐、舞蹈、默剧和绘画等艺术形式。17 世纪后期在法国宫廷形成。1661 年，法国国王路易十四下令在巴黎创办了世界第一所皇家舞蹈学校，经过严格反复的论证后，确立了芭蕾的五个基本脚位和七个手位，使芭蕾有了一套完整的动作和体系，这五个基本脚位和七个基本手位一直沿用至今。这种程式化肢体语言经过长期的历史考验之后固定下来的动作，具有高度的经典性和频繁的使用率，为芭蕾舞的发展打下坚实的基础。

二、芭蕾舞的基本特征

芭蕾从意大利发展到法国，从自娱性活动发展到专业性的表演，经过了近 500 年的漫长孕育。现代芭蕾舞蹈终于告别了原有的以自娱自乐为基本形式的初级阶段，开始向精、高、尖的技术高度与美学理想迈进，成为远远高于生活原型、超凡脱俗的表演艺术。

（一）芭蕾舞的动作特征

芭蕾舞轻盈飘逸，动作特征可以用“绷、开、立、直、弧、长”这六个字来概括。

“绷”：指芭蕾表演者无论男女，身体的各部位都要“绷”起来。尤其是伸出双脚时脚背必须有力地绷直，使脚面能凸出来，这样脚形不仅优美，而且增加了脚的力度。如做前腿、旁腿、后腿的大踢腿动作时，都要求脚背要最大限度地绷直，使腿部的线条更加修长、流畅、美观。只有通过“绷”才能把能量聚集在肢体末梢部位，才能使得各部位的肌肉能量向身体的中心垂线凝聚，从而产生上升的动式，大踢腿时才有力度与速度的结合。

“开”：指各种脚位置及身体五大关节从肩、胸、胯、膝、踝任何动作中都要求左右对称地向外打开，尤其是双腿从胯关节处向外用力打开 180 度。由于腿向外转开后，可以最大限度地延长舞蹈者的肢体线条，从而最大限度地扩大动作空间范围，使动作幅度增强、增大，动作更加灵活，同时提高了身体在运动中的平衡能力，姿态动作更加典雅，增加了表演者的表现力，体现出芭蕾舞的贵族气质。

“立”：指后背（脊柱）要直立，挺拔向上。要求演员收臀、立腰、展胸，绝对不允许撅臀、驼背、塌腰。演员身体重心的正确与上身形态的舒展与挺拔，在芭蕾舞中极为重要。讲究体态美，要求在舞蹈中直立与挺拔，这与芭蕾源自欧洲宫廷以及表现贵族气质有直接关系。

“直”：指主力腿和动力腿的膝盖和后背在没有特殊动作需要的情况下，都应该伸直、稳定、有力。无

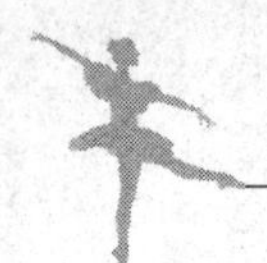

论是最基本的站立(要求双膝伸直,后背向上挺直),还是最常见的“Battement tendu”(主力腿、动力腿都要立直),两条腿均要求从胯到脚背外开,膝盖伸直,使舞姿更显延伸、清新、舒展。并且,舞台上的行进路线大多都是呈直线形的,如《天鹅湖》第一幕男女群舞《波洛涅舞曲》中,队形多用横竖直线来交织和穿梭。

“弧”:要求表演者的手臂要线条优美,呈圆弧形,能在运动过程中保持此种形状,有“感觉地”运用手臂。手型应有形地显示出柔和的圆弧形。身体中尖锐的棱角,如折腕和臂肘的弯曲,都是芭蕾规则所不容许的。手位七个位置也是这样,它们与腿及全身构成了人体的修长线条美。

“长”:指的是芭蕾要求表演者的腿、脚及身体线条要修长且亭亭玉立,这与芭蕾舞作为一种以下肢动作为主的舞蹈有直接的关系。舞蹈家在剧目主角甄选时对舞者的挑选,其标准是要求长脖子、长胳膊、长腿。

(二) 芭蕾舞女演员舞蹈特征

芭蕾舞女演员的足尖技巧的使用,是芭蕾舞区别于其他舞蹈的显著特征,因此有人将芭蕾舞称为“足尖舞”。几百年来,芭蕾舞以它别具一格的魅力与美丽,征服了千千万万不同肤色、种族、语言、文化风俗的观众。它不但突出了女演员修长双腿和身体的轻盈感,而且增加了表现力和技巧性。带着梦幻神秘色彩的足尖鞋,在普通舞鞋的鞋尖部分增垫多层布料或轻质木楦,并在鞋尖上用线缝纳两层,这些准备是为演员在脚尖上作舞并达到平衡提供一个有力的支撑点。就是这样一个仅一平方英寸大小的平面,使芭蕾成为“最生动”、“最典雅高贵”、“最美丽”的艺术。要获得芭蕾之美必须经过挑选与严格的、痛苦的磨炼。培养芭蕾专业的表演者,首先要经过仔细的挑选,其具体条件为:脚趾较短,齐而有力,看起来似“方形”,脚心凹陷,有着强健灵活的脚踝。同时,在学习芭蕾舞过程中,为了使脚背能立起来,演员们都要付出极其痛苦的代价,因为长期练习,导致流血、化脓,甚至掉趾甲。练习时间要充分保证,必须始终坚持“冬练三九,夏练三伏”。内容开始从地面软度到双手扶把、中间部分,再到跳与转的练习,双脚脚尖在二位上立半脚尖,然后慢慢通过半脚尖落到全脚。只有这样,十年如一日般刻苦训练,才可能为观众带来美的芭蕾舞艺术。

(三) 芭蕾舞典型技巧

舞蹈是一门技巧性很高的艺术,而芭蕾的技巧更是被公认为难度最大、最难练的艺术。芭蕾的技术技巧包括旋转、跳跃、脚尖控制、双人舞技巧等。

旋转,是芭蕾舞不可缺少的技巧之一。旋转数量的多少和质量的高低是评判芭蕾舞者技术水平高低的核心标志之一。所谓质量,主要是在旋转过程中舞姿的规范与否,不仅涉及美观、更关系到动作是否能独立完成。速度是芭蕾舞表演者技术水平高低的又一硬性标准。速度越快难度越大。在旋转中,加速是必不可少的,对于动作的完成起到推力作用。芭蕾的旋转基本技巧为:舞蹈者以一只脚为转轴,另一只脚屈膝在膝盖处、脚踝处,或伸展,或作“迎风展翅”、“鹤立式”等舞姿动作,旋转时可以向外转或向内转。要评判一个演员旋转优劣与否,不仅看转圈的数量,更重要的是要看旋转速度和节奏以及结束动作时是否平稳、利落、漂亮。例如《胡桃夹子》中双人舞的32个“挥鞭转”,就包括了规范舞姿、空间方位、停转时的稳定和姿势,以及旋转的数量等诸方面的要求。

跳跃,在芭蕾舞中对于每位演员来说都是技术的巅峰。芭蕾的跳跃种类很多:有从地面直接向上的中跳、大跳与小跳(冲天大跳或小弹跳或中等高度的跳跃),也有边移动边跳。跳跃的高度与舞蹈动作的编排有关。最能感染人的跳跃,不仅要跳得高,跳得轻,落得稳,而且还要求舞者把握好音乐节奏。在表演中身体的每个部位包括手臂、头以及脸部表情协调一致。好的弹跳力,与表演者的腿部肌肉成正比,舞者经过长期训练,能有效地控制身体的每个部位。在演出过程中,人们看的不单单是技术痕迹,更应该是综合技术能力的显现。在瞬间的跳跃中,空中的片刻停顿,让观众留下深刻的印象。如《红色娘子军》舞剧中,至今人们还能想起经典的画面,富有节奏感、四肢协调一致、既高又飘而落地无声的大跳,成为全世界观众的传奇佳话。

三、芭蕾舞的种类与特点

一部芭蕾史,上下五百年。按照历史时期划分为“早期芭蕾”、“浪漫芭蕾”、“古典芭蕾”、“现代芭蕾”和“当代芭蕾”五个部分。每个时期的芭蕾都对应前一个,是对前面时期的芭蕾的传承与发展,而非简单的否定与取代。

每个时期的芭蕾都有各自的特点。“早期芭蕾”是在意大利宫廷贵族的宴会上自得其乐的自娱性表演，与我们心目中的形象尚有差距。“浪漫芭蕾”在审美观念上奠定了“轻盈”、“飘逸”，动作“垂直向上”；以童话神话为题材，服装风格为白纱裙模式，对后期的芭蕾的发展，从训练到创造、从鉴赏到表演，产生了全方位和决定性的影响。“古典芭蕾”是以俄罗斯学派为代表，它是意大利与法兰西两大流派的综合产物，经过俄罗斯学派自身不断创新，“古典芭蕾”作品气势恢宏、动作凝练，这些特点一直延续至今。“现代芭蕾”在“古典芭蕾”技术技巧的基础上，注入了新时期的观念意识与表现力，并通过适当的改革，传承和发扬了“古典芭蕾”的优秀传统；“现代芭蕾”使芭蕾舞不再是音乐或者布景、道具的奴隶，充分让编导享受创作的自由，为芭蕾舞创作注入了强大的生命力。“当代芭蕾”，是芭蕾进入 20 世纪 70 年代以来，受到现代舞这种新兴舞蹈在观念以及方法上的影响，是新思想、新理念的共同影响下的创新发展。

四、芭蕾舞形体训练的作用

芭蕾是美的艺术，是人类文明、进步的精华，典雅且优美。芭蕾舞形体训练是以改善人的形体为指向的运动，受到人们的喜爱和学习。芭蕾舞训练是培养舞蹈艺术表现能力的开端，通过它可以使人的自然形体成为富有表现力的艺术形体。芭蕾基础训练其重要性是不可取代的。训练中要激发潜能，调动学生的积极性，解决好技术性与创造性的关系，让学生形成优雅、和谐、刚柔并济的舞蹈风格。芭蕾舞同时也是一种有氧运动，以芭蕾舞的基本动作作为训练内容，其健美力度是一般健身运动所无法比拟的，它具有收缩肌肉纤维的功能，使身体各部位发展均衡，姿态优美、挺拔。训练中伴随着悠扬的音乐，让芭蕾艺术之美得到直观又含蓄的展现。

五、芭蕾舞手、脚基本位置

1. 芭蕾基本手位

一位：双手下垂，放在身体的前面，胳膊肘与手腕成弧形，掌心相对，两手相距约一拳距离。双手离大腿有一拳的距离，切记不要靠住大腿。（见动作图 1）

二位：双手保持弧形上抬至与胃平（上半身的中部，腰以上，胸以下的位置），掌心相对，两手相距约一拳距离，注意手与胳膊肘两个支撑点的稳定。（见动作图 2）

三位：在二位的基础上继续往上，两臂保持弧形，至额头前斜上方，在眼的视线内。（见动作图 3）

四位：一手在三位，另一手在二位，继续保持两臂弧形。（见动作图 4）

五位：一手在三位，另一手在七位（在二位的基础上，用指尖带动慢慢向旁边打开）。（见动作图 5）

六位：一手在二位，另一手在七位。（见动作图 6）

七位：两手臂打开至身体两侧，从肩肘部到手腕继续保持弧形。（见动作图 7）

结束动作：两手从七位（手心向前）划一小半圆，慢慢回到一位手。

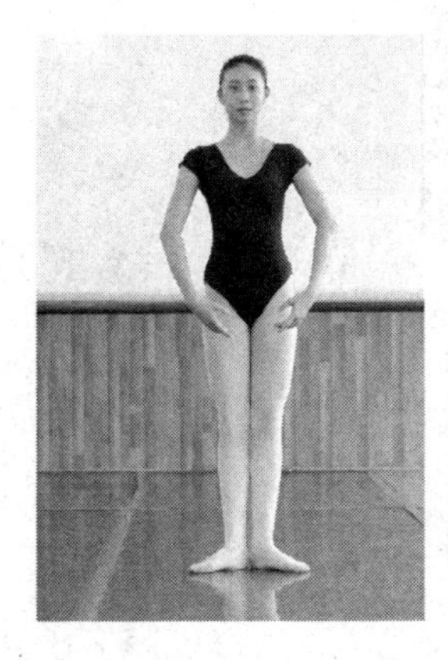

动作图 1

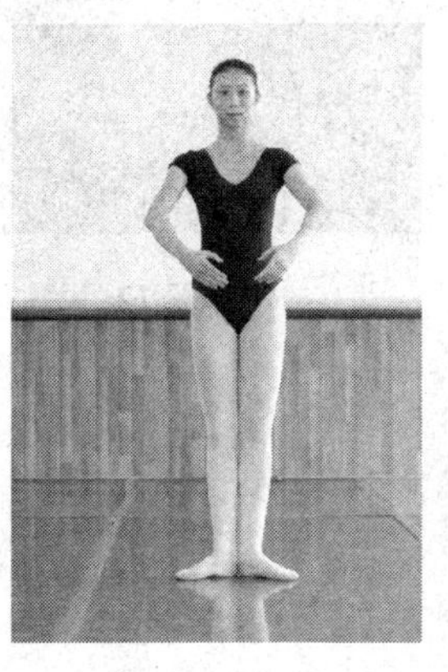

动作图 2

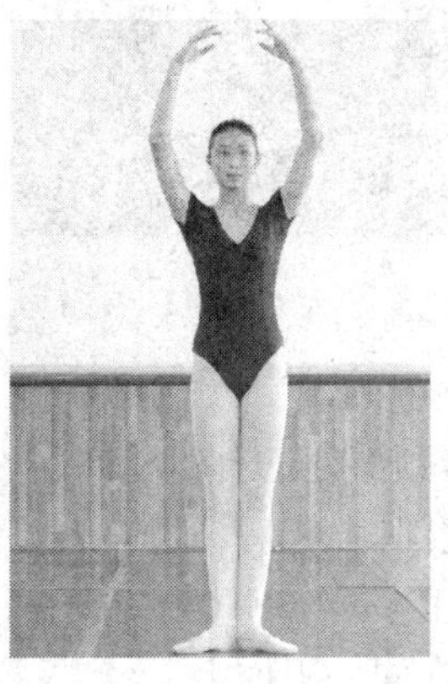

动作图 3

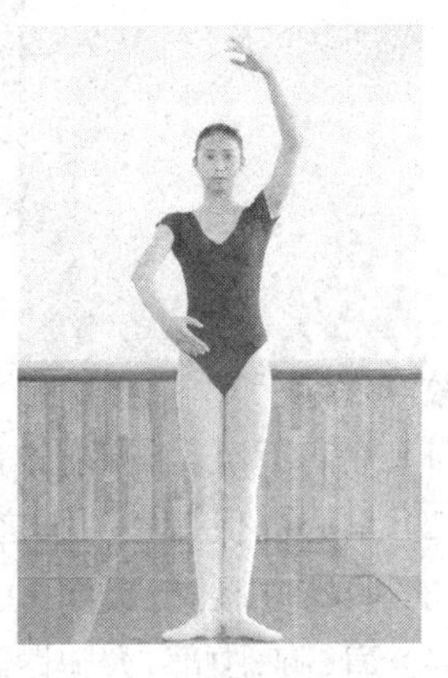

动作图 4

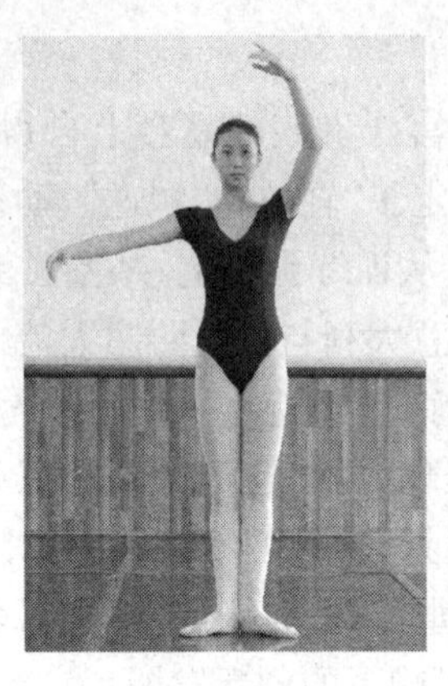
动作图 5

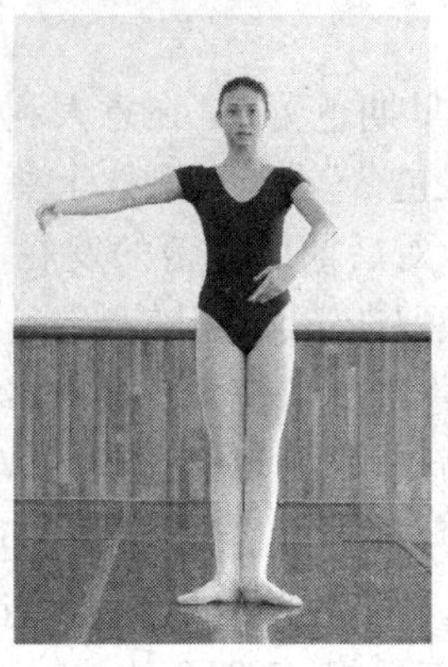
动作图 6

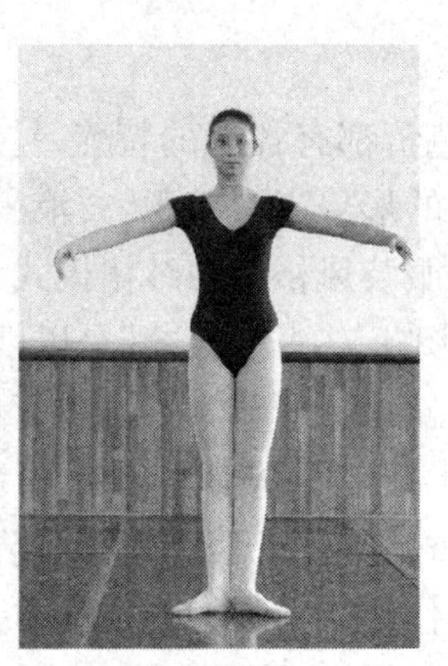
动作图 7

教学提示：

1）一位手时，两臂不要触身体，并保持好手的弧形。

2）注意手的形状（手指完全放松并拢，拇指和中指相近）。

3）从六位手到七位手打开时，两臂保持弧形，向外打开，要保持延伸感觉。

4）三位手应放在抬眼可以看见的位置。

5）手位要与呼吸配合，眼随手动，动作优美，形成舞姿。

2. 芭蕾基本脚位

一位脚：两脚跟紧靠在一直线上，大腿内侧向外转开，重心在两脚上（不要把重心前移至大脚趾），脚尖向外 180 度，双肩下压，目视前方。（见动作图 8）

二位脚：在一位脚的基础上，两脚打开，两脚间有一脚的距离，继续保持一位脚的体态。（见动作图 9）

三位脚：两脚一前一后，一脚在一位，另一脚收在前脚掌中间的位置。（见动作图 10）

四位脚：在五位脚的基础上，一脚平行向前，两脚距离一脚的位置。两脚脚跟与脚尖要在一条竖线上，继续保持外开。（见动作图 11）

五位脚：两脚重叠，即前脚脚跟与后脚脚尖相靠，后脚脚跟与前脚脚尖相靠。（见动作图 12）

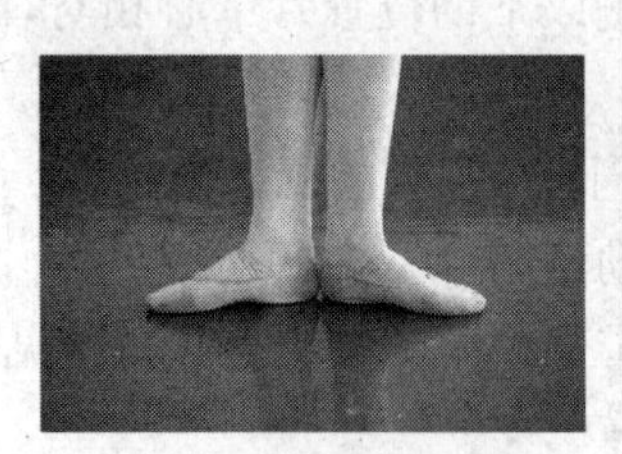
动作图 8

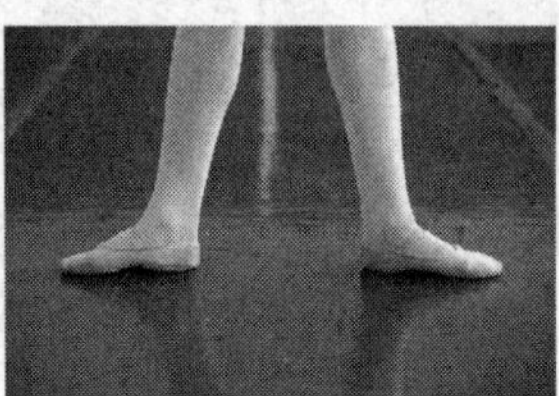
动作图 9

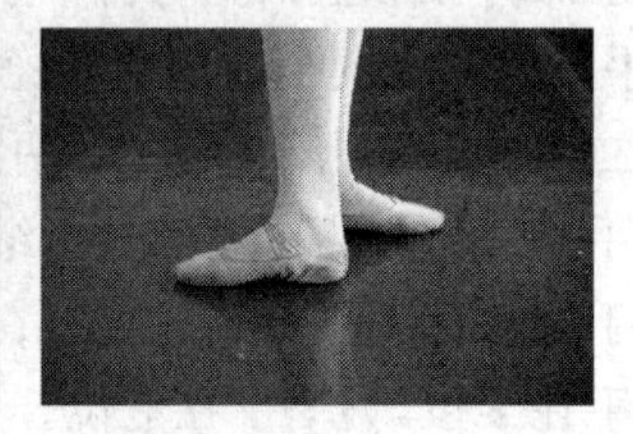
动作图 10

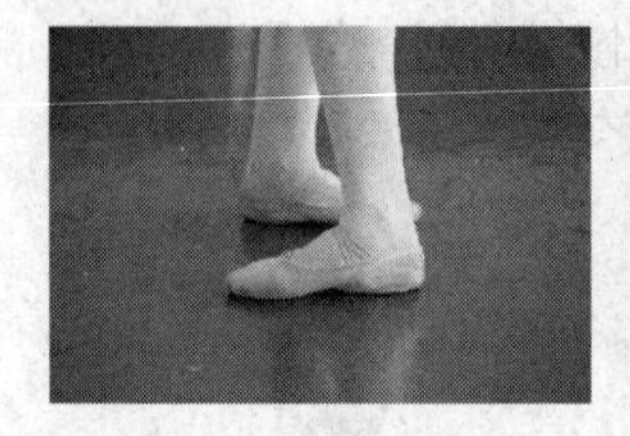
动作图 11

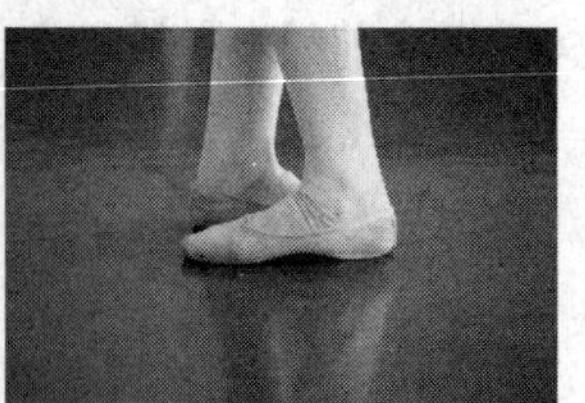
动作图 12

教学提示：

(1) 双肩下沉，目视前方，颈部处于自然状态。

(2) 重心要保持在两脚之间。

(3) 收臀立腰，挺拔向上。

(4) 肩、胸、腹部、大腿跟在同一平面上。

(5) 双膝伸直并对齐外开的脚尖。

第二节　中国古典舞概述

一、中国古典舞概述

“古典”即“经典的”意思，而古典舞蹈是一种有其独特的风格特征的表演性舞蹈种类，专指各民族中长期流传至今具有一定代表意义的优秀舞蹈作品。世界各国都有自己独特风格的古典舞蹈。中国是文明古国，上下五千年，有着源远流长的传统舞蹈艺术。其传统精神与实质内涵悠久且丰厚。中国古典舞是中华民族文化的艺术结晶，在中国舞蹈史上占有极其重要的地位，堪称中国舞蹈的代表舞种。在舞蹈工作者们多年呕心沥血的提炼、整理、加工、创造的基础上，中国古典舞传承了民族民间传统舞蹈，并经过反复验证和实践，形成了具有一定古典风格特色与典范意义的舞蹈，是我国舞蹈艺术中的一个类别。古典舞创立于20世纪50年代，曾一度被一些人称作“戏曲舞蹈”。它本身就是介于戏曲与舞蹈之间的混合物，在不断借鉴和融合中，未完全从戏曲中蜕变出来。称它为“戏曲”，它又已经去掉了戏曲中最重要的唱、念部分；说它是“舞蹈”，它还大量保持着戏曲的身体形态。综合起来，古典舞吸取了戏曲中的动律特点、造型方法和美学规范，形成了独特的风格传统。中国古典舞，它并不是古代舞蹈的翻版，它是建立在深厚的传统舞蹈美学基础上，适应现代人欣赏习惯的新古典舞。它是以民族民间舞为主体，以戏曲、武术等民族美学原则为基础，吸收借鉴芭蕾等外来艺术的有益部分，形成独立的、具有民族性、时代性的舞种和体系。

二、中国古典舞的基本特征

中国古典舞的手、眼、身、法、步是其舞蹈形体美的重要因素。“神韵”是中国古典舞内在的灵魂，古典舞蹈十分注重人物性格的刻画与演员内在的气质美。“身法”与“神韵”统称为“身韵”，其中包涵着“形、神、劲、律”这四个不同而又不可分割的方面。中国古典舞强调“手到、眼到、步到、身到”，即“形神兼备”。这要求表演者以手、眼、身、法、步互相配合，连贯一气，做到“心与意合、意与气合、气与力合、力与形合”。中国古典舞要求演员在做任何一个动作元素时一定要“形未动，神先领，形已止，神不止”，这是中国古典舞不可缺少的标志。

“形”是一切外在的、我们能看得见的、最直观的体态，比如我们训练中的托掌，双山膀、单托手等。“形”表现为万千种的体态和变化的动作以及动作与动作之间的连接，所以说“形”在古典舞身韵中是最基本的特征。通过对现代审美特征和古代传统艺术的各种典型舞蹈姿态的进一步剖析，得出了在“形”上的体态“刚健挺拔、含蓄柔韧”的气质美和“拧、倾、圆、曲”的曲线美。以“平圆、立圆、八字圆”的运动路线为主体，又提炼出了“提、沉、冲、靠、含、腆、移”这七个动律元素。

“神”在这里指内涵、神采、韵律、气质，它是一种内在的、发自内心的微妙感觉。“心与意合、意与气合、气与力合、力与形合”。所谓“心、意、气”，正是“神韵”具体化的体现。通过自己的意识、意念、感觉、神态来表现舞蹈动作。比如：一个“呼吸”都是由意念支配，是靠自己的意识和感觉来带动动作的。我们都知道，眼睛是心灵的窗户，它是传播“神韵”的工具，而眼神的“聚、放、凝、收、合”并不是指眼珠的自身转动，而是受内涵的支配和心理的节奏，用内心的情感所表达的，这正是说明“神韵”是所有动作的开始，在表演中起着主导支配的作用。

“劲”则是赋予“形”内在的节奏和层次，有对比的力度处理，通俗说是舞蹈中“线中的点”、“点中的线”，舞者在运动时力度并不是平均的、单一的，而是有轻有重、有急有慢，强弱、长短、顿挫、切分、延伸等的对比和区别。

“律”包涵的是自身的律动性和它依循的规律，即“逢冲必靠、欲左先右、逢开必合、欲前先后”等运动规律，而正是这些规律产生了古典舞的特殊审美性。“形、神、劲、律”在古典舞“身韵”的运动整体分析中各有各的特点，然后产生并达到“形、神、劲、律”的统一，即“形神兼备、内外统一、身心并用”，这些特点是中国古典舞的艺术灵魂所在。

三、中国古典舞的音乐特点及其与舞蹈的关系

中国古典舞音乐源自中国古代宫廷音乐，是对古代优秀文化及思想内涵的传承，是中国古典音乐与舞蹈融合发展的结晶。中国古典音乐是在中国五千年文明发展过程中，以中国主流文化、思想为指导下，所衍生、创造的音乐。它承载的更多是厚重的文化、思想内涵，强调的是音乐内在的思想、韵律和文化。中国古典音乐推崇自然之音，强调生机盎然的意境和生机勃勃的情调，强调表现人类生生不息的生命精神。中国古典音乐不论是雅乐体系还是燕乐体系，都是建立在单音体系之上的。单音体系的欲上又下的旋律走向、欲快又慢的节奏规律和欲强又弱的强弱变化，给人空灵、清新之感。

音乐对舞蹈最直接、最基本的作用，在于音乐可以配合并帮助舞蹈在整个过程中烘托气氛、表达情绪、体现性格和帮助组织舞蹈动作。舞蹈需要音乐的强化，离开音乐，舞蹈是难以充分表达内心情感的。而舞蹈的创作需要对照音乐来进行，由于舞蹈与音乐有着共同的节奏、韵律和情感内容，而且是同步展示的，两者就必须高度一致。对于同在中华文明熏陶下孕育出的中国古典音乐，在其韵律、节奏等诸多方面更是与中国古典舞蹈有着近乎完美的结合。因此，音乐能更好地引导组织舞蹈动作、表达舞蹈情感、烘托舞蹈气氛、体现舞蹈内涵。

四、中国古典舞训练的作用

中国古典舞训练能提高舞蹈者的舞蹈感觉与舞蹈表演能力。能帮助学习者解决舞蹈表现力的问题，是培养舞蹈感觉、增强表演意识的最有效途径。在整个训练中，每一部分均围绕着解放身体、增强表演意识来展开，它科学地采用了动作元素、短句、组合的由简到繁训练方法，注重古典舞细节。在训练中细到训练手、眼、头、胸、肩、背等以往被人忽略的部位，并强调身与心、形与身的高度结合。古典舞训练要求外部造型必须遵循一定的规范，从外形就开始培养古典舞审美感觉。同时，除形以外还必须内练呼吸，要求学习者运用正确的呼吸方法，正确地控制劲力，让身体的各个部位在舞动中协调配合。另外，还需要有美的、准确的神态。最后，用规范的外形、准确的劲力、顺畅的呼吸充分地表现不同的感情、人物，使其极具整体美感，才算达到古典舞训练的最高境界。

五、中国古典舞手臂、脚基本位置

1. 中国古典舞基本手臂形状

1）双山膀：两臂平抬至肩下（在身体两侧），保持手臂的圆弧形状，掌心向外。（见动作图 13）

2）单按掌：一手背，另一手在胸窝处，保持手臂弧形，按掌离身体约一拳半的距离。（见动作图 14）

3）顺风旗：一手山膀位，另一手在托掌位。（臂至头顶上，保持手型，在头旁边大约一拳的距离。）（见动作图 15）

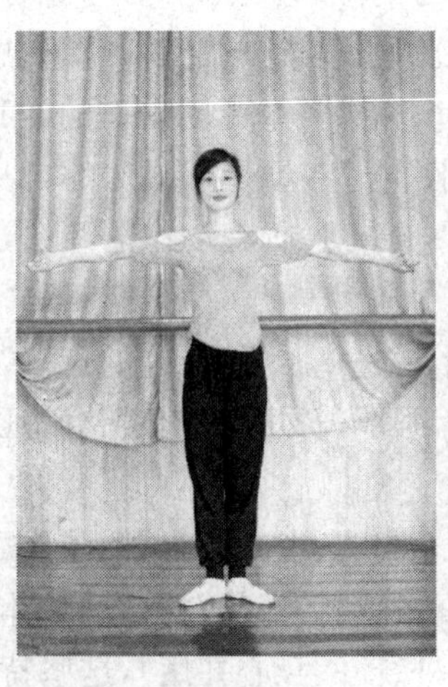
动作图 13

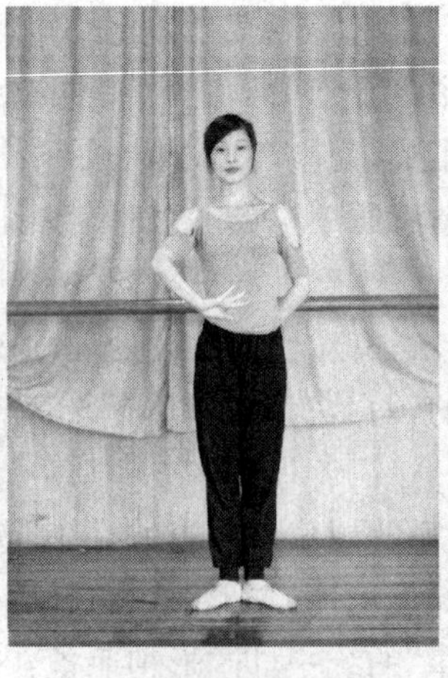
动作图 14

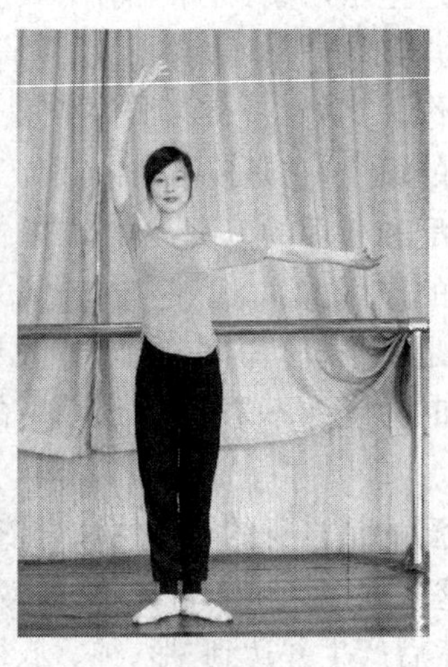
动作图 15

4）双扬掌位：双手分掌，两臂伸直抬至头顶位置，手心向上。（见动作图 16）

5）斜托掌位：一手扬掌位，另一手比山膀位置稍低，手心向上，两臂成一斜线。（见动作图 17）

6）双提襟：双手握拳提于胯旁，拳眼对准髋关节，离髋关节约一掌距离。（见动作图 18）

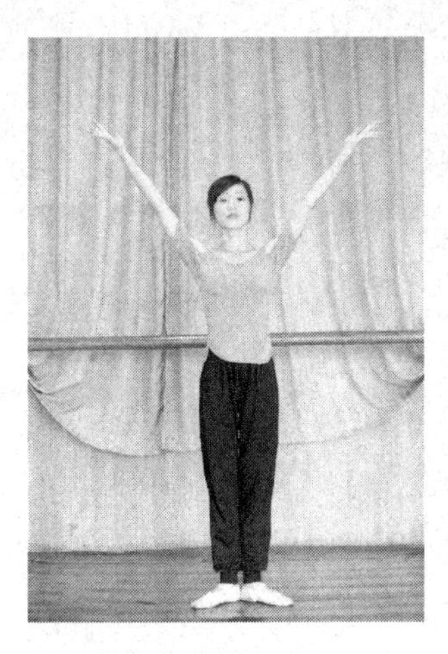

动作图 16

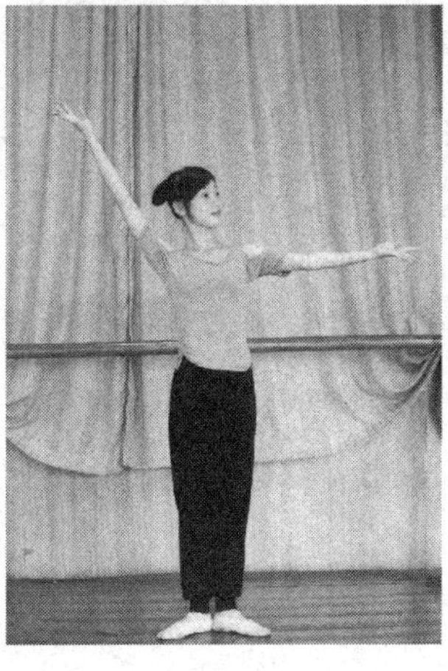

动作图 17

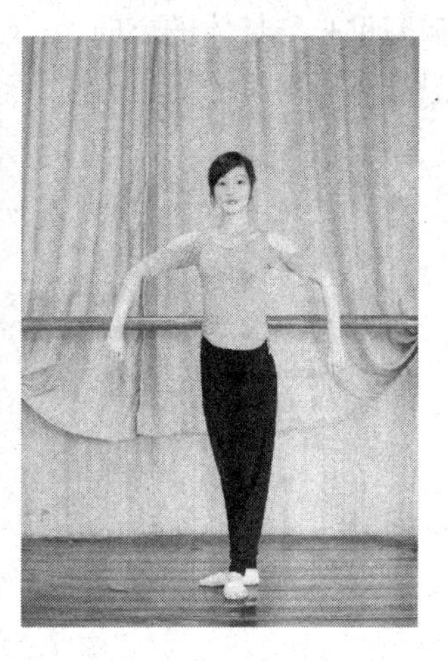

动作图 18

教学提示：

1）中国古典舞要求手臂运动规律是臂要圆、路线要圆，外柔内刚。

2）眼随手动。

3）收臀立腰，挺拔向上。

4）呼吸带动作，流畅、均匀、自如。

2. 中国古典舞基本脚位

1）正步：两脚靠拢，脚尖对齐，脚跟对齐，重心在两脚上。（见动作图 19）

2）小八字步：脚跟靠拢，左脚尖对 8 点，右脚尖对 2 点。（见动作图 20）

3）丁字步：前脚脚跟在后一脚的脚窝处，重心在两脚上。（见动作图 21）

4）踏步：在丁字位的基础上，前脚平移一脚的距离，前脚膝盖直，后脚膝盖稍弯，两膝盖紧靠，重心在前面的脚上。（见动作图 22）

5）大踏步：在踏步的基础上，前脚向 2 点方向继续平移，至半蹲，重心在前脚上。（见动作图 23）

6）弓箭步：重心在两脚之间，迈出的大腿要与地面平行，小腿垂直地面，后脚臀部前顶。（见动作图 24）

7）虚步：有前、旁、后虚步，重心在主力腿上，向前点地的脚要最大限度擦地出去，脚尖点地。（见动作图 25）

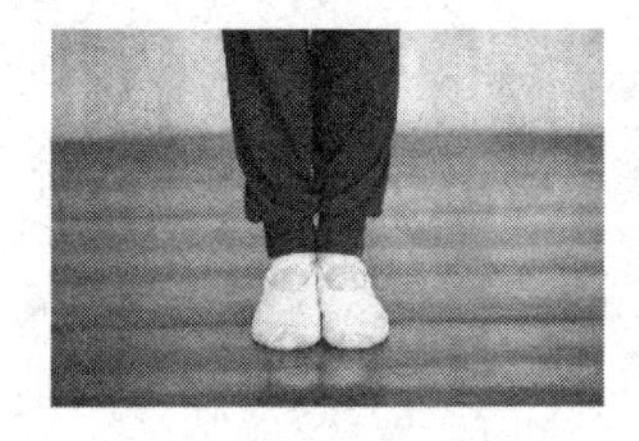

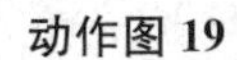

动作图 19

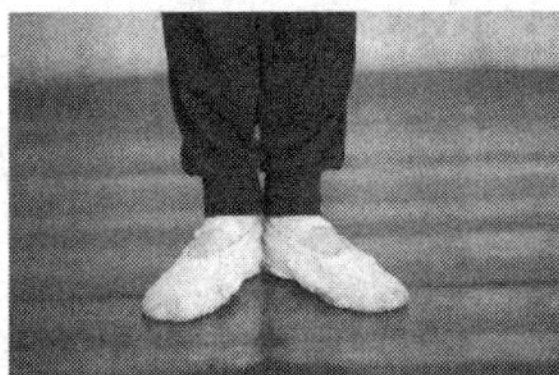

动作图 20

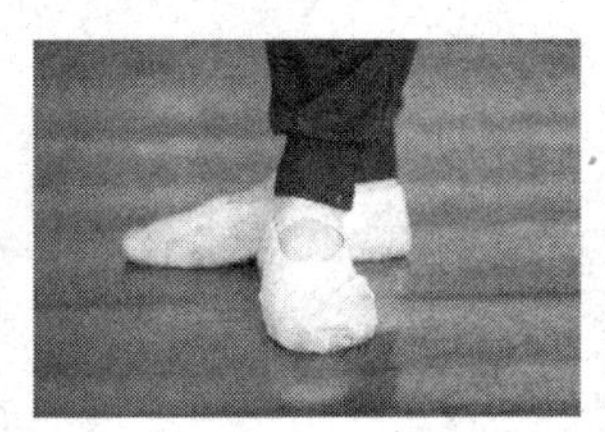

动作图 21

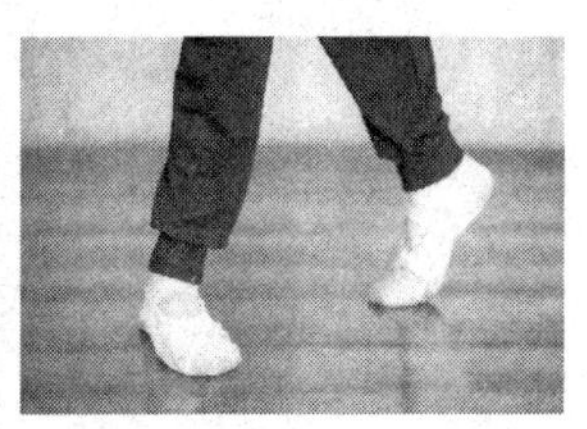

动作图 22

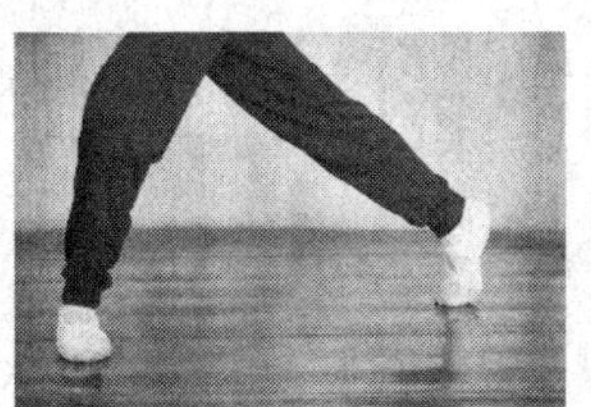

动作图 23

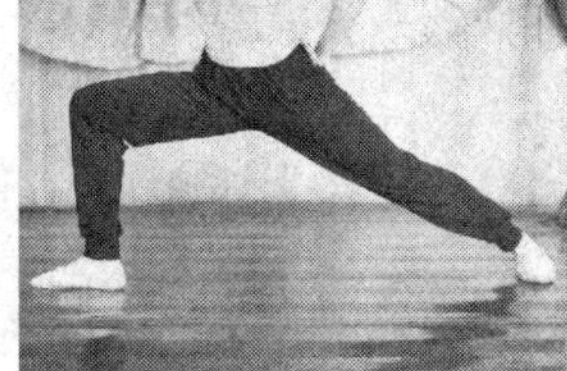

动作图 24

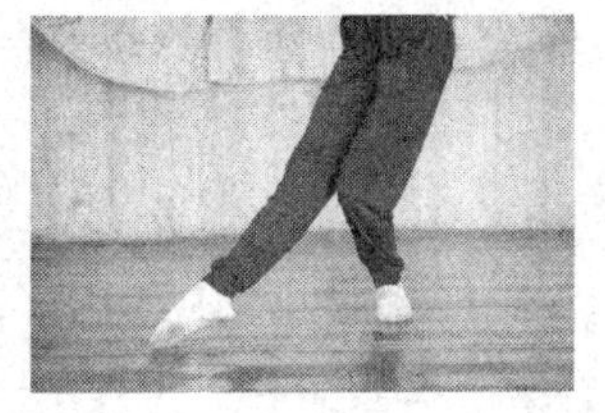

动作图 25

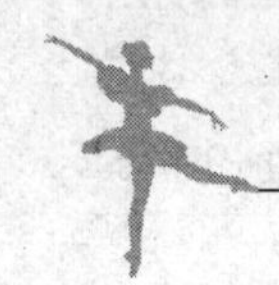

教学提示：

1）要让学生熟记每一个脚的位置，并同时记住规则和要求。

2）脚的位置与身体的配合有密切的关系，是完成舞姿的基础。

3）要掌握重心与身体的方向。

4）熟记身体所面对的 8 个方位。

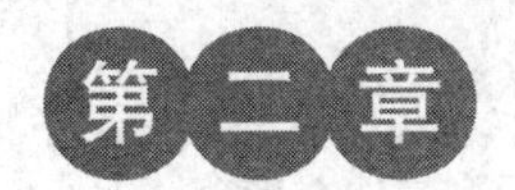

舞蹈基础训练

第一节　地面动作训练

地面动作训练是软度、开度、力度的综合训练，是每个舞蹈学习者必须具备的基本能力。有了软度、开度、力度的能力，才能充分展示人体动作的幅度、技巧、线条等等，以增强舞蹈学习者的表现力，拓展表演领域。

地面训练适合初学舞蹈的成年学生。地面训练可以打开肩部和胯部关节韧带，拉长腿部的韧带，提高腰的柔韧性及后背肌群的韧性与力量。地面训练的优势有四点：1）对于初学者收获多，见效快，能够在很短的时间内让身体得到改变，从无舞姿到有一定的舞姿体态；2）地面训练一般是跪、仰、躺等动作，身体接触地面比例较大，重心低，便于初学者掌握好重心；3）地面训练能有效解决各关节的灵活性，让各部位肌肉和韧带得到相应的锻炼；4）地面练习可以充分减轻身体体重负担，增强支撑身体重心的力量，为站立动作训练打下基础。

地面训练内容包括勾绷脚组合、吸伸腿组合、踢腿组合。

一、勾绷脚组合

1. 基本动作名称

勾脚、绷脚、绕脚腕。

2. 训练目的

① 脚腕灵活性；

② 胯的外开；

③ 坐姿后背的挺拔。

3. 教学提示

① 后背挺直往上拔起；

② 双腿膝盖伸直；

③ 双腿外转开、绷脚；

④ 勾脚时，要勾到脚跟离开地面。

4. 动作分解

基本动作一

准备姿态：坐直，面向 8 点，双手伸直放在身体两侧，双腿伸直并拢，绷脚。

①

1—2　右脚勾脚趾。

3—4　右脚勾脚腕。

5—6　右脚勾脚趾。

7—8　右脚绷脚趾。

②

1—2　左脚勾脚趾。

3—4　左脚勾脚腕。

5—6　左脚勾脚趾。

7—8　左脚绷脚趾。

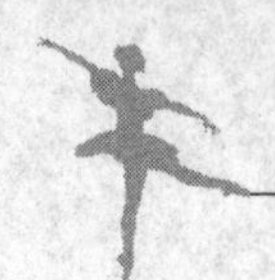

基本动作二

准备姿态：坐直，面向8点，双手伸直放在身体两侧，双腿伸直并拢，绷脚。

①

1—2　双脚勾脚趾。

3—4　双脚勾脚腕。

5—6　双脚向外绕腕，绷脚。

7—8　双脚并拢，绷脚。

②

1—2　双脚向外转开，绷脚。

3—4　双脚向里绕腕，勾脚。

5—6　双脚勾脚趾。

7—8　双脚绷脚趾。

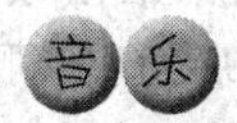

地面组合音乐

勾绷脚

1 = G $\frac{4}{4}$ ♩= 108

小快板

佚 名

（前奏）

(i̇ i̇ 7 6 | 5 - 53 #23 | 5 7 3̇ 2̇ | i̇ - - -) |

‖: 2̇ i̇ #45 45 | 6 5 #23 23 | 4 3 4 3 | 6̣ - 6̣2 46 |

7 6 34 34 | 5 4 #12 12 | 3 2 5 5 | 5 - 53 57 |

2̇ i̇ #45 45 | 6 5 #23 23 | 4 3 4 3 | 6 - 66 #56 |

i̇ i̇ 7 6 | 5 - 53 #23 | 5 7 3̇ 2̇ | i̇ - - - ‖

准备姿态：坐直，面向8点，双手伸直放两旁，双腿伸直并拢，绷脚。（见动作图26）

① 第1—4小节

1—4　右脚勾脚趾。（见动作图27）

5—8　右脚勾脚腕。（见动作图28）

② 第5—8小节

1—4　右脚勾脚趾。

5—8　右脚绷脚趾。

③ 第 9—12 小节　同①。
④ 第 13—16 小节　同②。
⑤ 第 17—20 小节
1—4　左脚勾脚趾。
5—8　左脚勾脚腕。
⑥ 第 21—24 小节
1—4　左脚勾脚趾。
5—8　左脚绷脚趾。
⑦ 第 25—28 小节　同⑤。
⑧ 第 29—32 小节　同⑥。
⑨ 第 33—36 小节
1—4　双脚勾脚趾。(见动作图 29)
5—8　双脚勾脚腕。(见动作图 30)
⑩ 第 37—40 小节
1—4　双脚勾脚趾。
5—8　双脚绷脚趾。
⑪ 第 41—44 小节　同⑨。
⑫ 第 45—48 小节　同⑩。
⑬ 第 49—52 小节
1—4　双脚勾脚趾。
5—8　双脚勾脚腕。
⑭ 第 53—56 小节
1—4　双脚向外绕腕,勾脚。(见动作图 31)
5—8　双脚并拢,绷脚。
⑮ 第 57—60 小节
1—4　双脚向外转开,绷脚。(见动作图 32)
5—8　双脚并拢,勾脚。
⑯ 第 61—64 小节
1—4　双脚勾脚趾。
5—8　双脚绷脚趾。

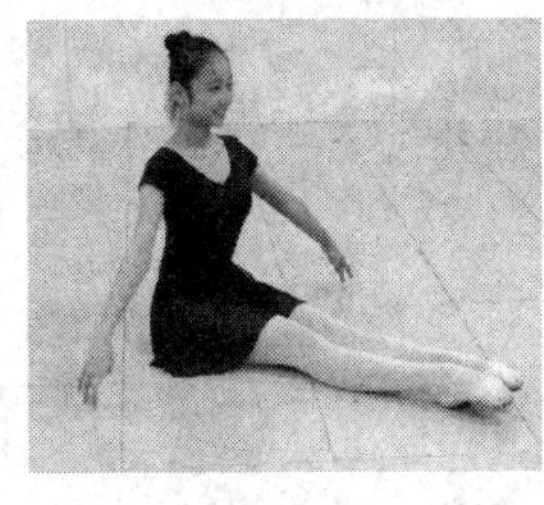
动作图 26

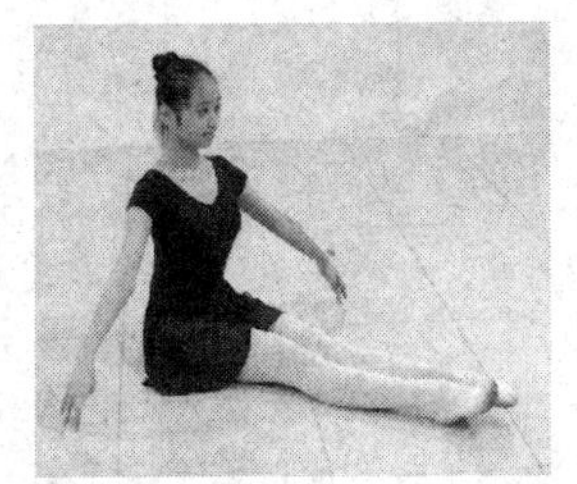
动作图 27

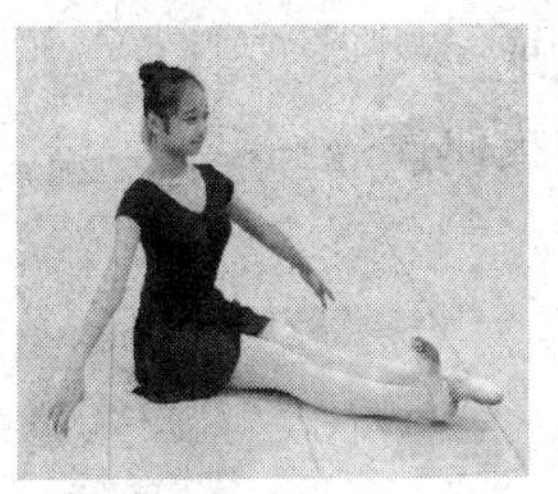
动作图 28

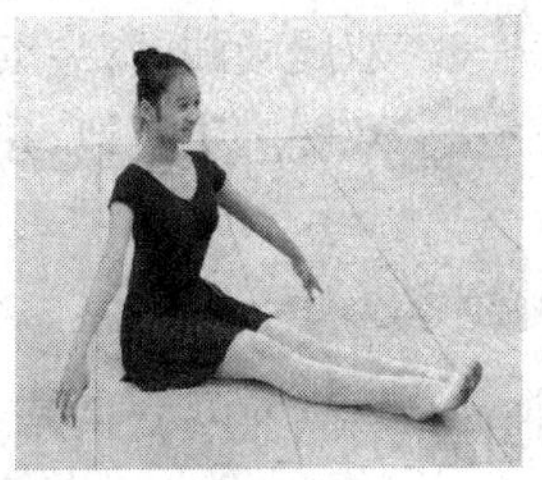
动作图 29

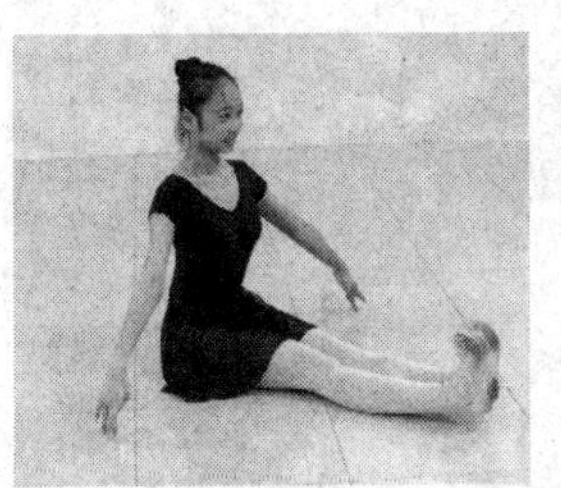
动作图 30

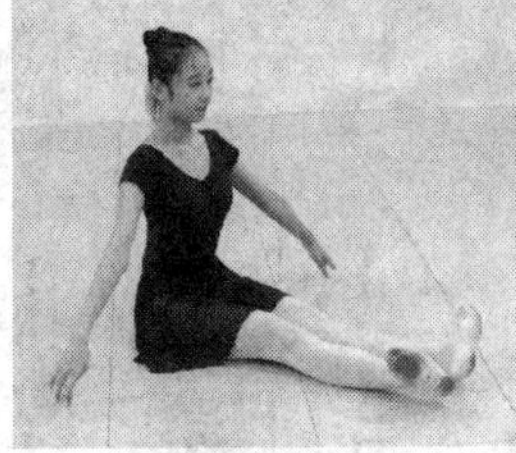
动作图 31

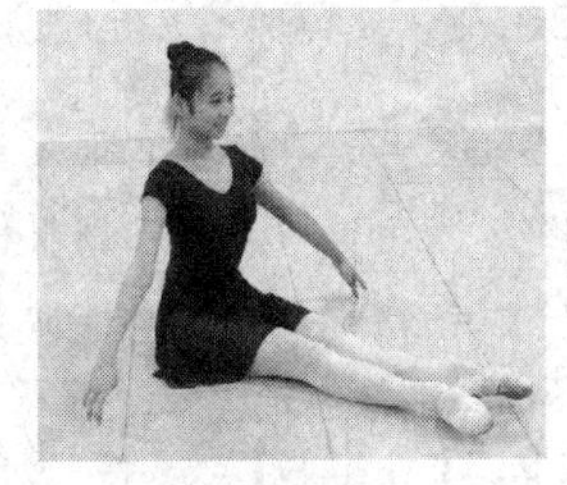
动作图 32

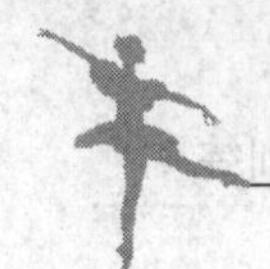

二、吸伸腿组合

1. 基本动作名称

吸腿、伸腿、抬腿。

2. 训练目的

① 胯的灵活性；

② 胯的外开；

③ 膝盖的灵活性。

④ 吸伸腿的稳定性。

3. 教学提示

① 旁吸腿时，膝盖注意外转开，脚尖贴住膝盖窝处；

② 伸腿时，膝盖要伸直，脚要绷，动力腿要有延伸的感觉；

③ 双腿外转开、绷脚。

4. 动作分解

基本动作一

准备姿态：平躺，双腿绷脚，并拢伸直，朝 8 点，双手斜下手放身体两侧。

①

1—4　右腿伸直，脚背带动脚抬腿 90°。

5—8　右腿吸腿，转开，绷脚，脚尖放左腿膝盖窝处。

②

1—4　右腿伸直，抬腿 90°。

5—8　右腿伸直，落下地面，双腿并拢。

基本动作二

准备姿态：平躺，双腿绷脚，并拢伸直，朝 8 点，双手斜下手放身体两侧。

①

1—4　双腿吸腿。

5—6　双腿伸直，抬腿 90°。

7—8　双腿打开。

②

1—4　双腿合拢，抬腿 90°。

5—6　双腿吸腿，脚尖点地。

7—8　双腿脚尖点地，并拢伸直。

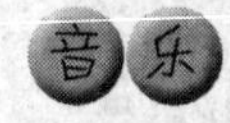

地面组合音乐

吸 伸 腿

1 = ♭E $\frac{4}{4}$ ♩= 102

稍慢

（前奏）

佚 名

(5 3 2 1 | 1 - 7̣ 1 | 2 2 2 3 | 1 - - -) |

‖: 5 3 2 1 | 1 - 7̣ 1 | 2 2 2 4 | 3 - - 5 |

5　3　2　1 | 1　-　7̣　1 | 2　2　2　3 | 1　-　-　3 |

1̇　1̇　7　3 | 3　-　6　3 | 4　4　4　4 | 3　-　-　5 |

5　3　2　1 | 1　-　7̣　1 | 2　2　2　3 | 1　-　-　- ‖

准备姿态：朝8点平躺，双腿绷脚，并拢伸直，双手斜下手放身体两侧。

① 第1—4小节

1—4　右腿伸直，抬腿90°。（见动作图33）

5—8　不动。

② 第5—8小节

1—4　右腿吸腿，转开，绷脚，脚尖放左腿膝盖窝处。（见动作图34）

5—8　不动。

③ 第9—12小节

1—4　右腿伸直，抬腿90°。

5—8　不动。

④ 第13—16小节

1—4　右腿伸直，落下地面，双腿并拢。

5—8　不动。

⑤—⑧ 第17—32小节　同①—④。

⑨—⑫ 第33—48小节　同①—④，做反面。

⑬—⑯ 第49—64小节　同⑤—⑧，做反面。

⑰ 第65—68小节

1—4　双腿吸腿。

5—8　双腿并拢，抬腿90°。（见动作图35）

⑱ 第69—72小节

1—4　双腿伸直打开。（见动作图36）

5—8　不动。

⑲ 第73—76小节

1—4　双腿伸直并拢。

5—8　不动。

⑳ 第77—80小节

1—4　双腿吸腿，脚尖点地。（见动作图37）

5—8　双腿脚尖点地，并拢伸直。

㉑—㉔ 第81—96小节　同⑰—⑳。

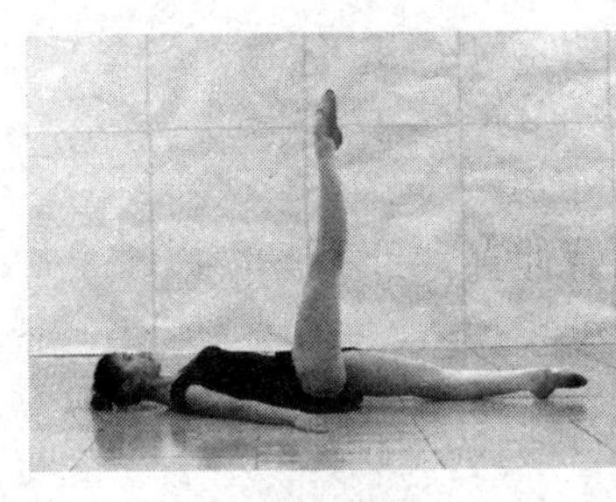
动作图33

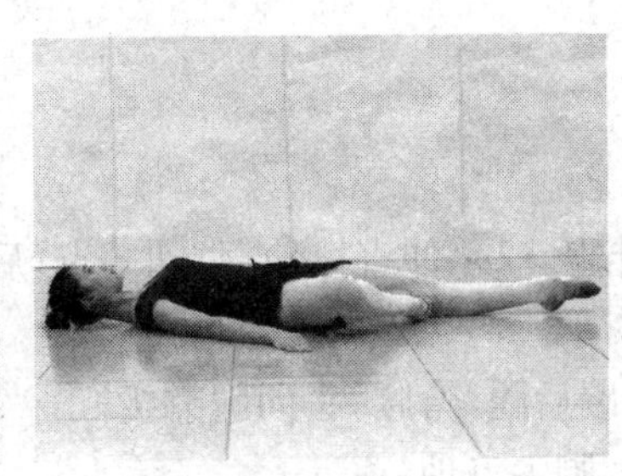
动作图34

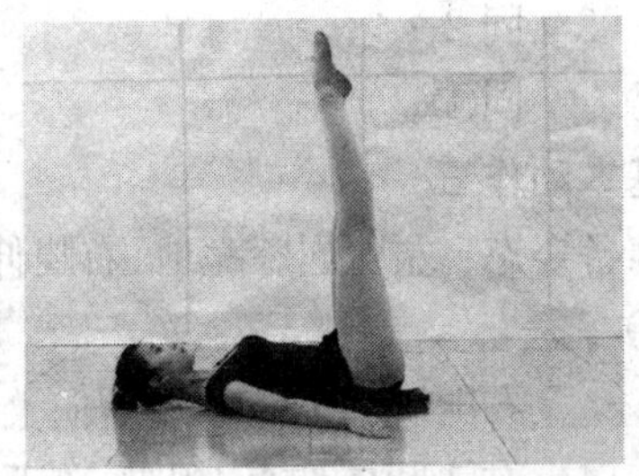
动作图35

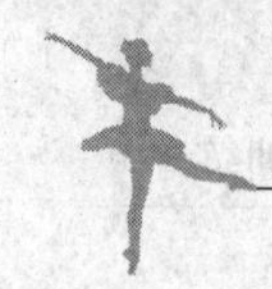

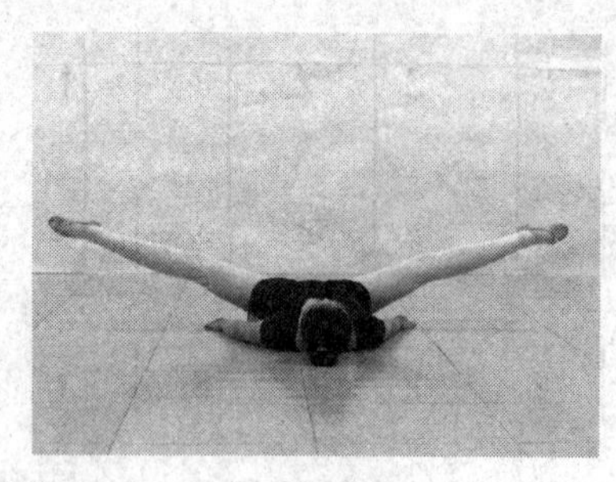
动作图 36

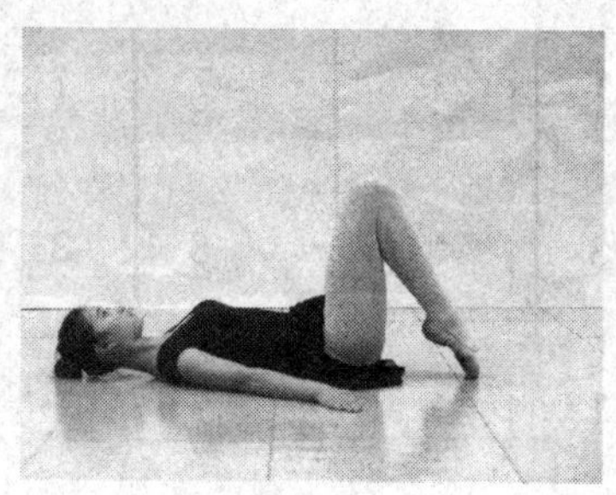
动作图 37

三、踢腿组合

1. 基本动作名称

前腿、旁腿、后腿。

2. 训练目的

① 腿的灵活性；

② 胯的灵活性；

③ 大腿后侧跟腱的柔韧性。

3. 教学提示

① 膝盖不能弯曲；

② 脚背用力带动踢腿；

③ 双腿外转开，绷脚。

4. 动作分解

基本动作一

准备姿态：平躺，双腿绷脚，并拢伸直，朝 8 点，双手斜下手放身体两侧。

①

1— 右腿膝盖伸直，绷脚，向上踢前腿。

2—4 右腿膝盖伸直，绷脚，落下地面。

5— 同 1— 。

6—8 同 2—4。

② 同①。

基本动作二

准备姿态：向右侧躺，双腿绷脚，并拢伸直，朝 8 点，右手伸直放右脸下，左手胸前弯曲撑地。

①

1— 左腿膝盖伸直，绷脚，向上踢左旁腿。

2—4 左腿膝盖伸直，绷脚，落下，双腿并拢。

5— 同 1— 。

6—8 同 2—4。

② 同①。

基本动作三

准备姿态：左腿屈膝跪地，右腿伸直，双手伸直撑地，脚朝 8 点，后背伸直。

①

1— 右腿膝盖伸直，绷脚，向上踢后腿，弯腰，头向腿靠拢。

2—4 右腿膝盖伸直，绷脚，落下，脚尖点地。

5— 同 1— 。

6—8　同 2—4。
②　　同①。

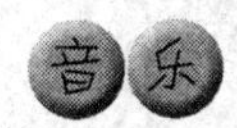

地面组合音乐

踢　腿

1＝C $\frac{2}{4}$ ♩＝100

小快板
（前奏）

邓　芳　曲

(6 #5 6 5 6 2 | 6 #5 6 5 6 3 | 5 #4 5 4 5 2 | 1 –) |

|: #4 5 4 5 1 5 | #2 3 2 3 5 3 | 4 3 2 1 | 7 5 5 |

#4 5 4 5 1 5 | #2 3 2 3 5 3 | 5 4 3 2 | 1 1 1 |

6 #5 6 5 6 1 | 5 #4 5 4 5 1 | 6 #5 6 5 6 1 | 2 1 7 6 5 |

6 #5 6 5 6 1 | 6 #5 6 5 6 3 | 5 #4 5 4 5 2 | 1 1 :||

准备姿态：平躺，双腿绷脚，并拢伸直，朝 8 点，双手斜下手放身体两侧。
① 第 1—4 小节
1—　　右腿膝盖伸直，绷脚，向上踢前腿。（见动作图 38）
2—4　右腿膝盖伸直，绷脚，落下地面。
5—8　不动。
②—④ 第 5—16 小节　同①。
⑤—⑧ 第 17—32 小节　同①—④，同时⑧5—8 同基本动作二的准备动作。
⑨ 第 33—36 小节
1—　　右腿膝盖伸直，绷脚，向上踢左旁腿。（见动作图 39）
2—4　右腿膝盖伸直，绷脚，落下，双腿并拢。
5—8　不动。
⑩—⑫ 第 37—48 小节　同⑨，同时⑫5—8 同基本动作二的准备动作，做反面。
⑬—⑯ 第 48—64 小节　同⑨—⑫，做反面，同时⑯5—8 同基本动作三的准备动作。（见动作图 40）
⑰ 第 65—68 小节
1—　　右腿膝盖伸直，绷脚，向上踢后腿，弯腰，头向腿靠拢。（见动作图 41）
2—4　右腿膝盖伸直，绷脚，落下，脚尖点地。
5—8　不动。
⑱—⑳ 第 69—80 小节　同⑰，同时⑯5—8 同基本动作三的准备动作，做反面。
㉑—㉔ 第 81—96 小节　同⑰—⑳。

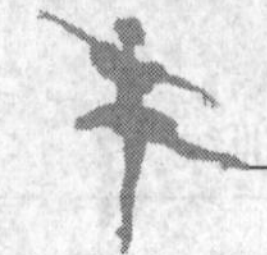

结束拍：

1—4　左脚吸腿，双脚并跪，双手收回，弯曲，小臂重叠，上身趴下。

5—8　不动。

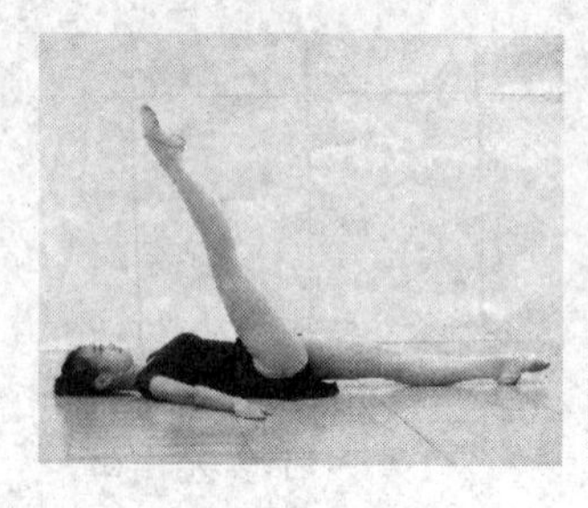
动作图 38

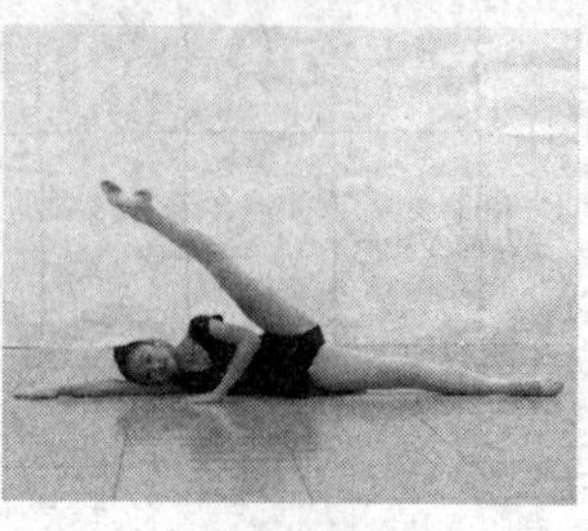
动作图 39

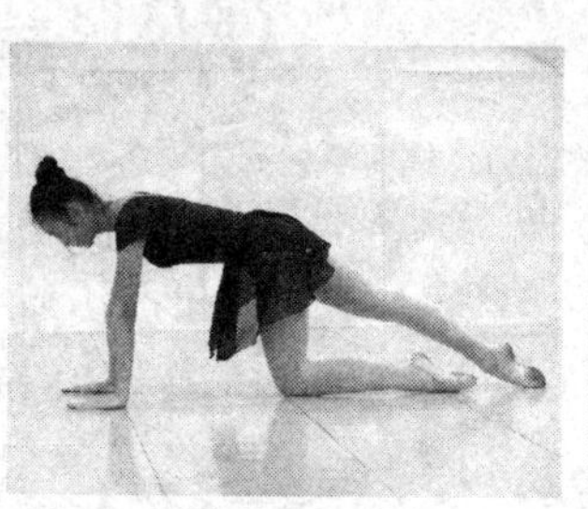
动作图 40

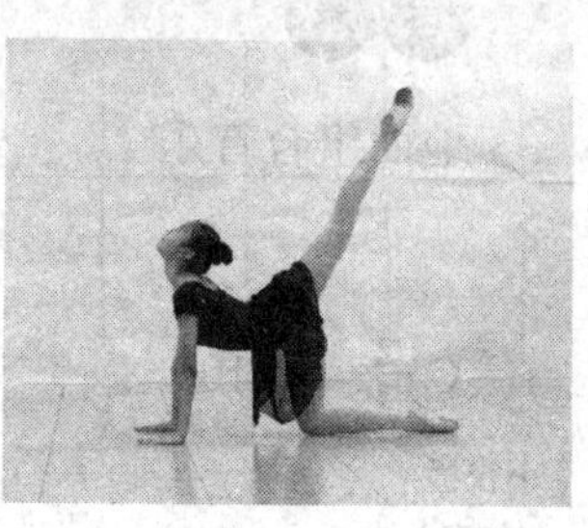
动作图 41

第二节　扶把动作训练

扶把动作训练是帮助学生掌握重心，同时对身体的各部位进行集中训练，让学生获得正确姿态。通过训练后学生动作方向及速度恰当，身体平衡稳定且有韵律性。其突出特点既是对身体部分进行分门别类的专门训练又是对身体整体协调的综合训练。为学生体态线条清晰、舞姿舒展优美打下基础。

把上训练内容包括脚的练习、擦地、蹲、小踢腿、划圈、压腿、大踢腿、压脚跟，内容由浅入深，对于初学舞蹈的学生克服自然体态，掌握身体的直立与重心的稳定以及力度、软度、开度起重要的作用。

一、脚的练习

1. 基本动作名称

立半脚尖、压脚背、并立。

2. 训练目的

① 脚腕的灵活性；

② 脚背的柔韧性；

③ 并立时上身体态的直立；

④ 重心平衡。

3. 教学提示

① 立半脚尖时，注意推脚背；

② 立半脚尖时，脚背要用力；

③ 膝盖的位置要准确。

4. 动作分解

基本动作一

准备姿态：站直，双脚正步，双手扶把。

①

1—2　右脚起半脚尖，膝盖弯曲，脚背用力往前压脚背，左脚不动。

3—4　右脚脚尖点地，压脚背。

5—6　同 1—2。

7—8　右脚脚跟落地，回到正步位。

②　　同①，做反面。

基本动作二

准备姿态：站直，双脚正步，双手扶把。

①

1—2　右脚起半脚尖，膝盖弯曲，脚背用力往前压脚背，左脚不动。

3—4　左脚起半脚尖，膝盖弯曲，脚背用力往前压脚背，右脚不动。

5—6　同 1—2。

7—8　同 3—4。

②　同①，7—8 左脚不动，右脚脚跟落地。

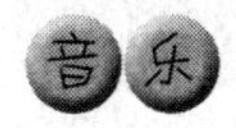

把杆组合音乐

脚 的 练 习

1＝C $\frac{2}{4}$ ♩＝112

小快板

（前奏）

覃　超　曲

（ 1　61　6　3 | 5　35　3　6 | 5656　5　2 | 1　1 ） |

‖: 5　35　3　2 | 1·　2 | 3535　6　1 | 5　－ |

1　7　6　5 | 65　43 | 2323　6　3 | 2　－ |

5　35　3　2 | 1·　2 | 3535　1　7 | 6　－ |

1　61　6　3 | 535　36 | 5656　5　2 | 1　－ :‖

准备姿态：站直，双脚正步，双手扶把。

① 第 1—4 小节

1—2　右脚起半脚尖，膝盖弯曲，脚背用力往前压脚背，左脚不动。

3—4　不动。

5—6　右脚脚尖点地，压脚背。

7—8　不动。

② 第 5—8 小节

1—2　同①1—2。

3—4　不动。

5—6　右脚脚跟落地，回到正步位。

7—8　不动。

③—④ 第 9—16 小节　同①—②，做反面。（见动作图 42）

⑤—⑧ 第 17—32 小节　同①—④。

⑨ 第 33—36 小节

1—2　右脚起半脚尖，膝盖弯曲，脚背用力往前压脚背，左脚不动。

3—4　不动。

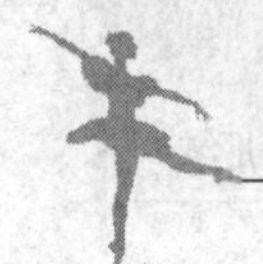

5—6　左脚起半脚尖，膝盖弯曲，脚背用力往前压脚背，右脚不动。（见动作图 43）
7—8　不动。
⑩ 第 37—40 小节　同⑨，做反面。
⑪—⑫ 第 41—48 小节　同⑨—⑩。
⑬ 第 49—52 小节
1—4　左脚起半脚尖，膝盖弯曲，脚背用力往前压脚背，右脚起半脚尖，双腿并立。（见动作图 44）
5—8　不动。
⑭ 第 53—56 小节
1—8　双脚脚跟慢慢落地。
⑮ 第 57—60 小节
1—4　双脚起半脚尖，并立。
5—　双腿压脚跟，双腿起半脚尖。
6—8　不动。
⑯ 第 61—64 小节
1—　双腿压脚跟，双腿起半脚尖。
2—8　不动。

结束拍：

1—4　双腿压脚跟，落地，正步位。
5—8　双手收回，自然下垂。

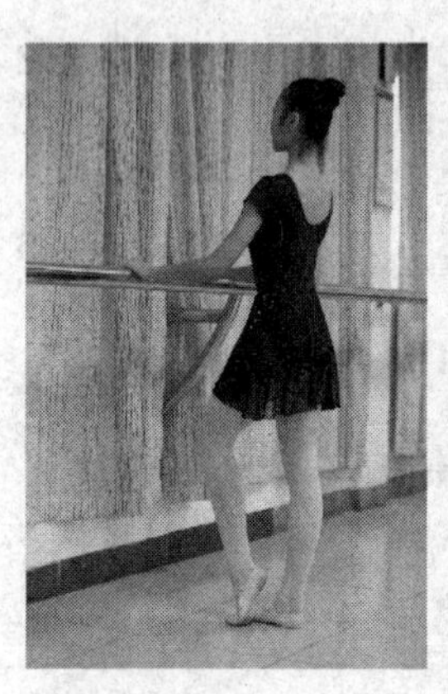

动作图 42

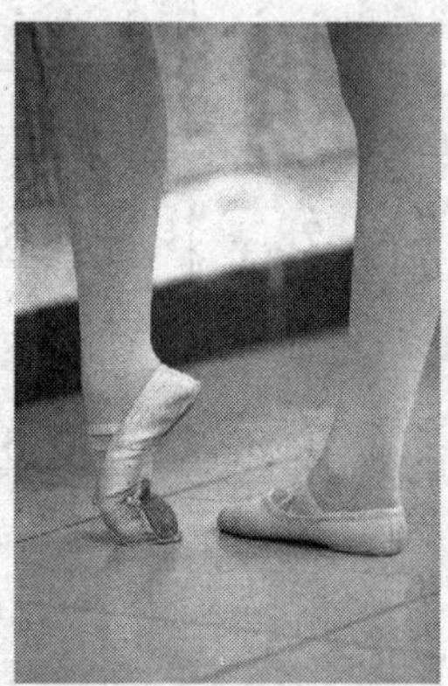

动作图 43

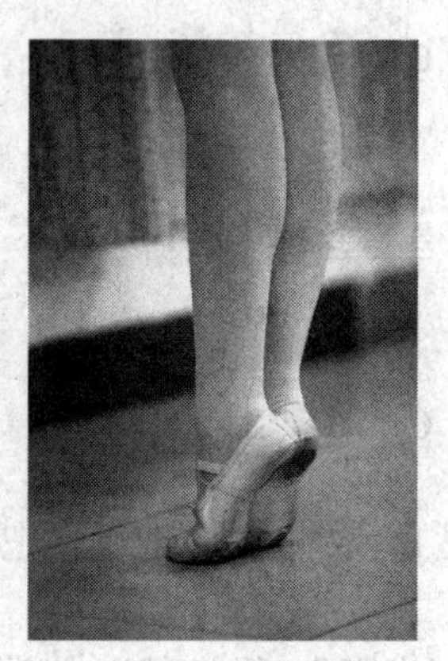

动作图 44

二、擦地组合

1. 基本动作名称

向前擦地、向旁擦地、向后擦地。

2. 训练目的

① 脚位的稳定性；
② 主力腿的重心稳定性；
③ 动力腿的延伸性。

3. 教学提示

① 擦地出去时，脚跟慢慢离开地面起来，主力腿保持直立，动力腿绷脚背。
② 擦地收回时，先压脚跟；
③ 膝盖的直立。

4. 动作分解

基本动作一

准备姿态：站直，一位脚，双手扶把。

①

1—4　右脚向前擦地，注意膝盖伸直，绷脚背。

5—8　收回一位脚，注意先压脚跟，膝盖伸直。

②　　同①。

基本动作二

准备姿态：站直，一位脚，双手扶把。

①

1—4　右脚向后擦地，注意膝盖伸直，绷脚背。

5—8　收回一位脚，注意先压脚跟，膝盖伸直。

②　　同①。

基本动作三

准备姿态：站直，一位脚，双手扶把。

①

1—4　右脚向旁擦地，注意膝盖伸直，绷脚背。

5—8　收回一位脚，注意先压脚跟，膝盖伸直。

②　　同①。

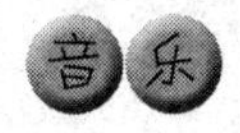

把杆组合音乐

擦　地

1 = F 4/4 ♩= 65

行板

（前奏）

邓　芳　曲

（6 54 3 - | 2 17 6 - | 5 31 2 2 | 1 - - - ）|

|: 56 13 2. 2 | 56 72 1 - | 12 34 5. 5 | 3 13 2 - |

1 51 3. 3 | 26 24 6 - | 5 31 4 27 | 1 5 1 - |

3 21 6 - | 2 16 5 - | 6 61 21 23 | 5 56 5 - |

6 54 3 - | 2 17 6 - | 5 31 2 2 | 1 - 1 - :|

准备姿态：站直，一位脚，双手扶把。
① 第1—4小节
1—4　右脚向前擦地。（见动作图45）
5—8　不动。
② 第5—8小节
1—4　收回一位脚。
5—8　不动。
③—④ 第9—16小节　同①—②。
⑤ 第17—20小节
1—4　右腿向旁擦地。（见动作图46）
5—8　右腿收回。
⑥ 第21—24小节　同⑤。
⑦ 第25—28小节
1—4　右腿向后擦地。（见动作图47）
5—8　右腿收回。
⑧ 第29—32小节　同⑦。
⑨ 第33—36小节
1—4　右腿向旁擦地。
5—8　收回一位脚。
⑩ 第37—40小节　同⑨。
⑪ 第41—44小节
1—4　左腿向前擦地。
5—8　收回一位脚。
⑫ 第45—48小节　同⑪。
⑬ 第49—52小节
1—4　左腿向旁擦地。
5—8　收回一位脚。
⑭ 第53—56小节　同⑬。
⑮ 第57—60小节
1—4　左腿向后擦地。
5—8　收回一位脚。
⑯ 第61—64小节　同⑮。
结束拍：
1—4　不动。
5—8　双手收回，自然下垂。

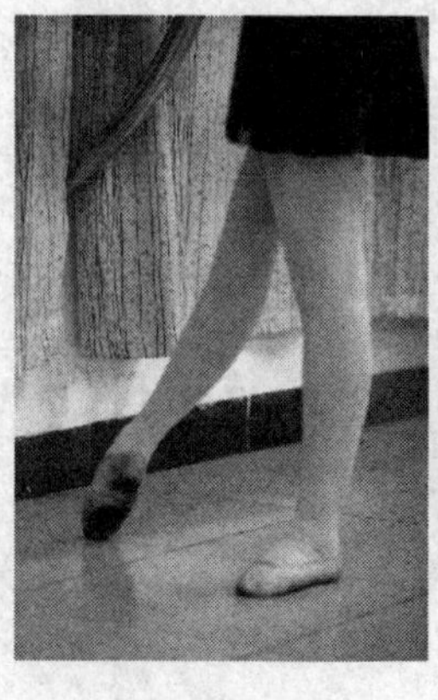
动作图45

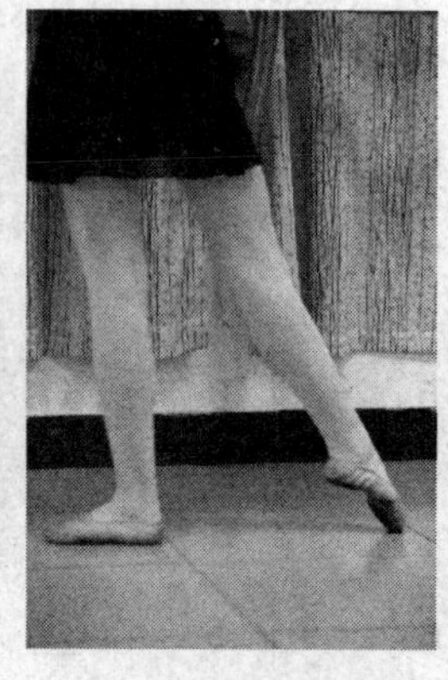
动作图46

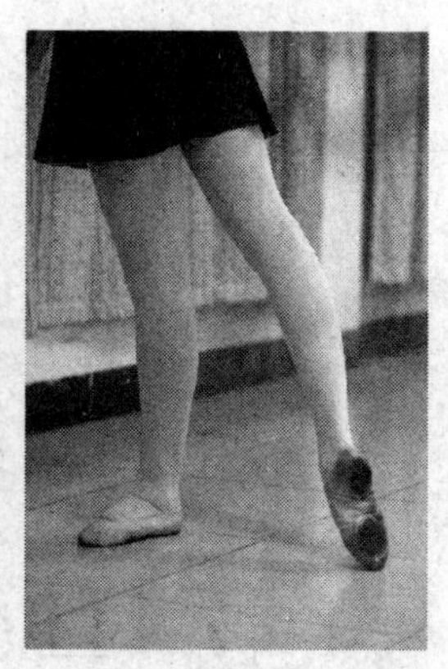
动作图47

三、蹲组合

1. 基本动作名称

一位蹲、二位蹲、五位蹲。

2. 训练目的

① 膝盖的外开；

② 胯的外开；

③ 上身挺拔；

④ 小腿的力量。

3. 教学提示

① 后背挺直往上拔；

② 双腿膝盖外转开；

③ 腰保持直立，不能塌腰。

4. 动作分解

基本动作一

准备姿态：站直，一位脚，双手扶把。

①

1—2　半蹲，脚跟不动。

3—4　双腿站直，保持一位脚。

5—6　同1—2。

7—8　同3—4。

②

1—4　全蹲，双脚起脚跟。

5—8　双腿压脚跟，站直，保持一位脚。

基本动作二

准备姿态：站直，二位脚，双手扶把。

①

1—2　半蹲，双腿脚跟不动。

3—4　双腿站直，保持二位脚。

5—6　同1—2。

7—8　同3—4。

②

1—4　全蹲，双腿脚跟不动。

5—8　双腿站直，保持二位脚。

基本动作三

准备姿态：站直，五位脚，双手扶把。

①

1—2　半蹲，双腿脚跟不动。

3—4　双腿站直，保持五位脚。

5—6　同1—2。

7—8　同3—4。

②

1—4　全蹲，双腿起脚跟。

5—8　双腿压脚跟，站直，保持五位脚。

音乐

把杆组合音乐

蹲

1＝F $\frac{4}{4}$ ♩＝78

行板

（前奏）

朱 青 曲

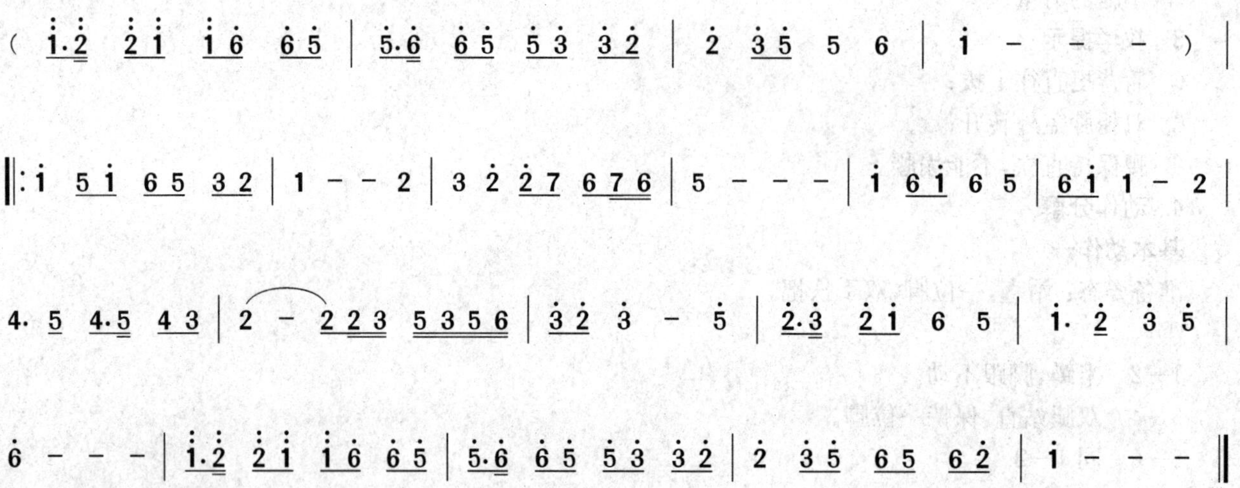

准备姿态：站直，一位脚，双手扶把。

① 第1—4小节

1—4 双腿半蹲，脚跟不动。（见动作图48）

5—8 双腿站直，保持一位脚。

② 第5—8小节 同①。

③ 第9—12小节

1—8 全蹲，双脚起脚跟。（见动作图49）

④ 第13—16小节

1—8 双腿压脚跟，站直，保持一位脚。

⑤—⑧ 第17—32小节 同①—④，其中⑧5—8右脚向旁擦地，形成二位脚。

⑨ 第33—36小节

1—4 二位脚半蹲，脚跟不动。（见动作图50）

5—8 双腿站直，保持二位脚。

⑩ 第37—40小节 同⑨。

⑪ 第41—44小节

1—8 全蹲，双脚脚跟不动。（见动作图51）。

⑫ 第45—48小节

1—8 站直，保持二位脚。

⑬—⑯ 第49—64小节 同⑨—⑫，其中⑯5—8右脚向前收五位脚。

⑰ 第65—68小节

1—4 五位脚半蹲，脚跟不动。（见动作图52）

5—8 双腿站直，保持五位脚。

⑱ 第 69—72 小节　同⑰。

⑲ 第 73—76 小节

1—8　全蹲，双脚起脚跟。（见动作图 53）

⑳ 第 77—80 小节

1—8　双腿压脚跟，站直，保持五位脚。

㉑—㉔ 第 81—96 小节　同⑰—⑳，其中⑳5—6 右脚向旁擦地，7—8 收一位脚。

结束拍：

1—4　不动。

5—8　双手收回，自然下垂。

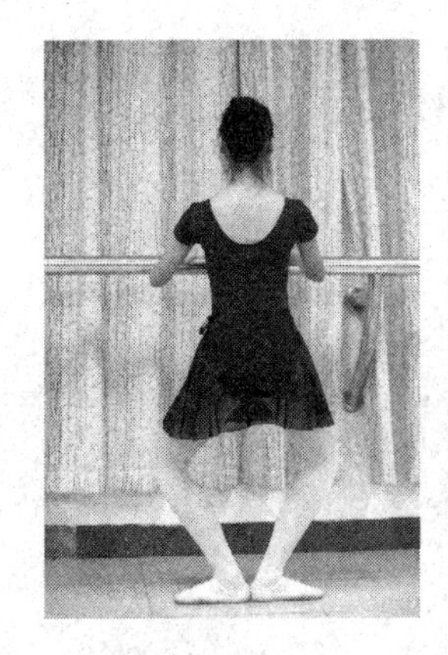

动作图 48

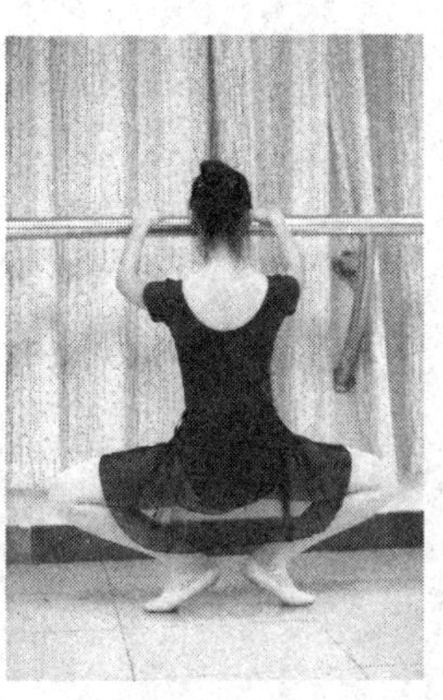

动作图 49

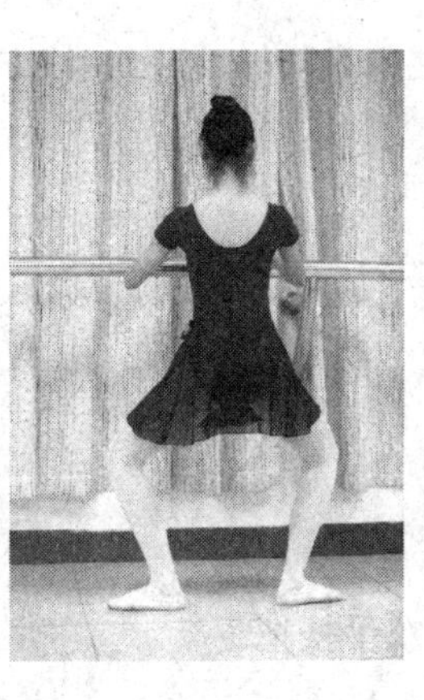

动作图 50

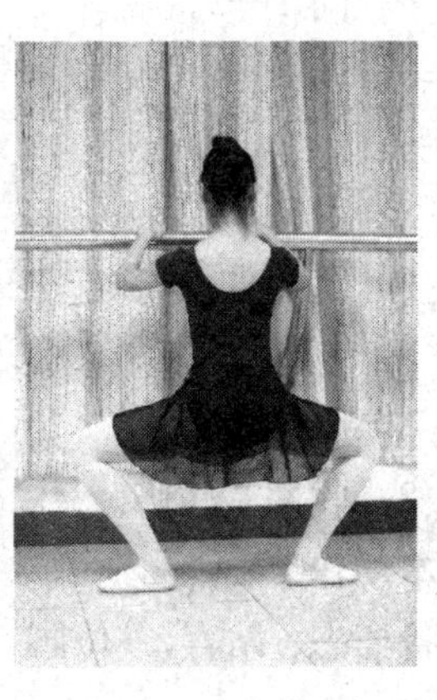

动作图 51

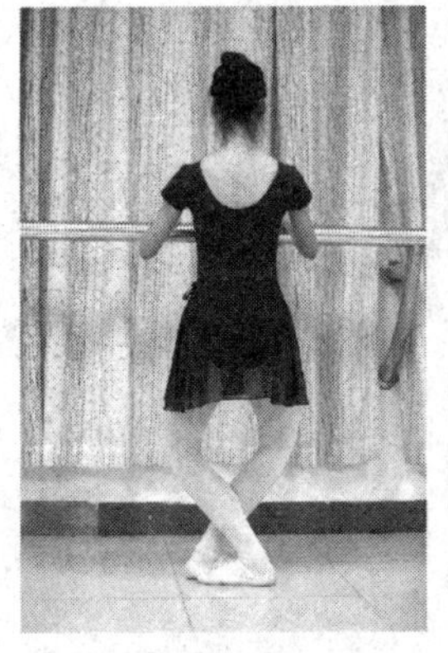

动作图 52

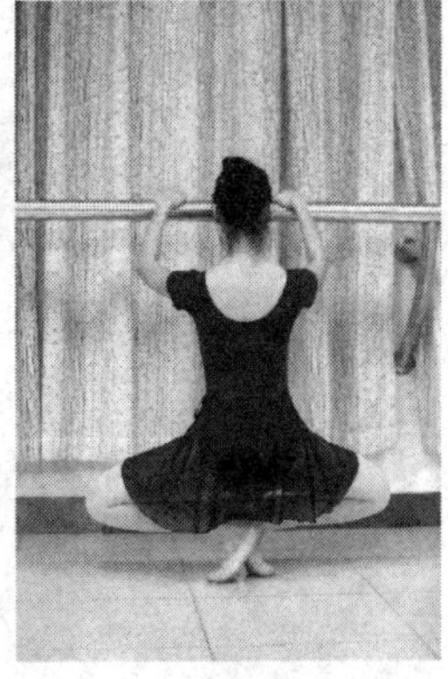

动作图 53

四、小踢腿组合

1. 基本动作名称

小踢腿、25°踢腿。

2. 训练目的

① 脚腕的灵活性；

② 小腿的爆发力和韧带弹性；

③ 踢腿方位的准确性。

3. 教学提示

① 后背挺直往上拔；

② 双腿膝盖伸直；

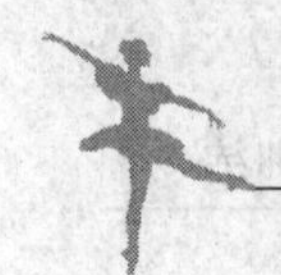

③ 双腿外转开,绷脚;

④ 小踢腿时,主力腿保持不动;

⑤ 上身不能晃动。

4. 动作分解

基本动作一

准备姿态:站直,一位脚,双手扶把。

①

1—2　右脚向前小踢腿,与地面形成25°,膝盖伸直,绷脚。

3—4　收回一位脚。

5—6　同1—2。

7—8　同3—4。

②

1—2　右脚向前小踢腿。

3—　脚尖点地,弹起来。

4—　不动。

5—6　脚尖点地。

7—8　收回一位脚。

基本动作二

准备姿态:站直,一位脚,双手扶把。

①

1—2　右脚向旁小踢腿,与地面形成25°,膝盖伸直,绷脚。

3—4　收回一位脚。

5—6　同1—2。

7—8　同3—4。

②

1—2　右脚向旁小踢腿。

3—　脚尖点地,弹起来。

4—　不动。

5—6　脚尖点地。

7—8　收回一位脚。

基本动作三

准备姿态:站直,一位脚,双手扶把。

①

1—2　右脚向后小踢腿,与地面形成25°,膝盖伸直,绷脚。

3—4　收回一位脚。

5—6　同1—2。

7—8　同3—4。

②

1—2　右脚向后小踢腿。

3—　脚尖点地,弹起来。

4—　不动。

5—6　脚尖点地。

7—8　收回一位脚。

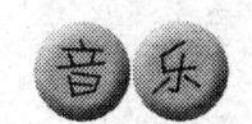

把杆组合音乐

小　踢　腿

1＝G $\frac{2}{4}$ ♩＝104

快板

陈永彤　曲

（前奏）

（ 2 2 3 2 1 | 2 2 3 2 1 | 2 5 | 1 － ）| 5 5 3 5 6 | 5· 6 | 1·2 7 6 | 5 － |

6 5 6 5 4 | 3· 1 | 2·6 1 3 | 2 － | 3 3 2 1 2 | 3· 5 | 6 6 3 5 6 | 1· 6 |

2 2 3 2 1 | 2 2 3 2 1 | 2 5 | 1 － :‖

准备姿态：站直，一位脚，双手扶把。

① 第 1—4 小节

1—4　右脚向前小踢腿。（见动作图 54）

5—8　收回一位脚。

② 第 5—8 小节　同①。

③ 第 9—12 小节

1—4　右脚向前小踢腿。

5—　脚尖点地，弹起来。

6—8　不动。

④ 第 13—16 小节

1—4　点地。

5—8　收回一位脚。

⑤ 第 17—20 小节

1—4　右脚向旁小踢腿。（见动作图 55）

5—8　收回一位脚。

⑥ 第 21—24 小节　同⑤。

⑦ 第 25—28 小节

1—4　右脚向旁小踢腿。

5—　脚尖点地，弹起来。

6—8　不动。

⑧ 第 29—32 小节

1—4　点地。

5—8　收回一位脚。

⑨ 第 33—36 小节

1—4　右脚向后小踢腿。（见动作图 56）

5—8　收回一位脚。

⑩ 第 37—40 小节　同⑨。

⑪ 第 41—44 小节

1—4　右脚向后小踢腿。

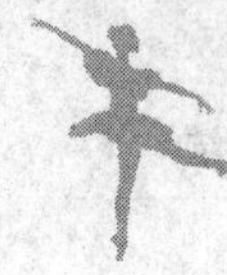

5—　脚尖点地，弹起来。
6—8　不动。
⑫ 第45—48小节
1—4　点地。
5—8　收回一位脚。
⑬ 第49—52小节
1—4　右脚向旁小踢腿。
5—8　收回一位脚。
⑭ 第53—56小节　同⑬。
⑮ 第57—60小节
1—4　右脚向旁小踢腿。
5—　脚尖点地，弹起来。
6—8　不动。
⑯ 第61—64小节
1—4　点地。
5—8　收回一位脚。
结束拍：
1—4　不动。
5—8　双手收回，自然下垂。

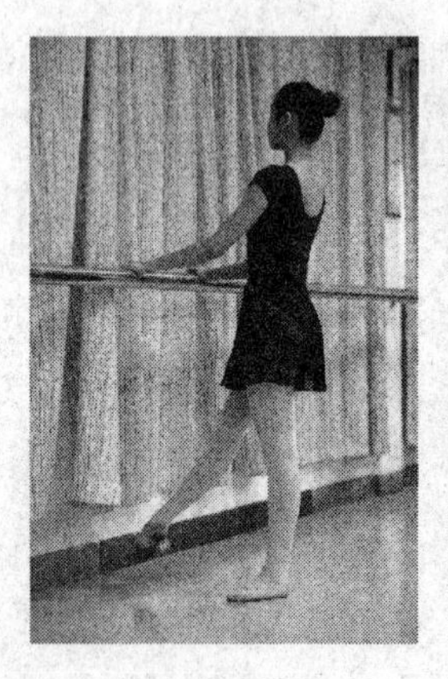
动作图54

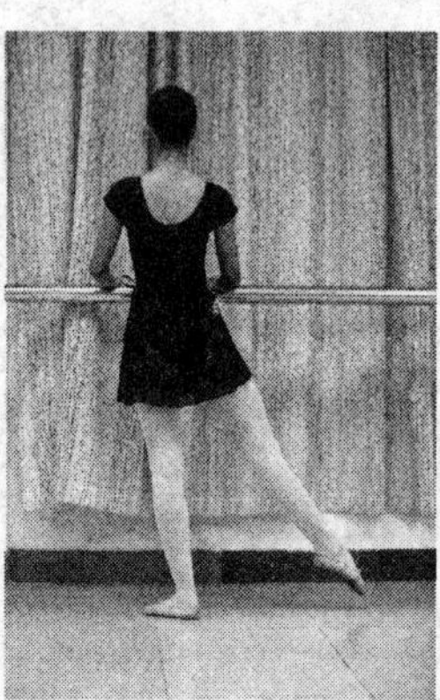
动作图55

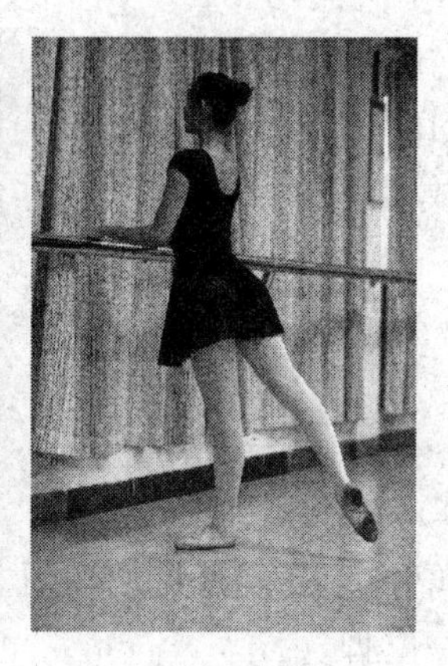
动作图56

五、划圈组合

1. 基本动作名称
向前擦地、向旁划圈、向后划圈。
2. 训练目的
① 胯的灵活性；
② 胯的外开；
③ 上身直立的稳定性。
3. 教学提示
① 后背挺直往上拔；
② 主力腿胯的位置正确；
③ 不能坐胯和顶胯。

4. 动作分解

基本动作一

准备姿态：站直，一位脚，双手扶把。

①

1—2 右脚向前擦地。

3—4 右脚向旁划 1/4 圈。

5—6 右脚向后划 1/4 圈。

7—8 收回一位脚。

② 同①。

基本动作二

准备姿态：站直，一位脚，双手扶把。

①

1—2 右脚向后擦地。

3—4 右脚向旁划 1/4 圈。

5—6 右脚向前划 1/4 圈。

7—8 收回一位脚。

② 同①。

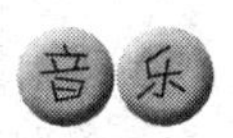

把杆组合音乐

划 圈

1 = G 2/4 ♩= 52

慢板

会 其 曲

（前奏）

（1·2 161 | 5665 3 | 235 3526 | 1 –）‖: 5·6 161 | 53 5· | 31 6535 | 2 – |

2·3 5 | 61 65 3 | 635 236 | 5 – | 1·2 361 | 212 3 | 5·6 735 | 676· |

1·2 161 | 5665 3 | 235 3526 | 1 – :‖

准备姿态：站直，一位脚，双手扶把。

① 第 1—4 小节

1—4 右脚向前擦地。

5—8 右脚向旁划 1/4 圈。

② 第 5—8 小节

1—4 右脚向后划 1/4 圈。

5—8 收回一位脚。

③—④ 第 9—16 小节 同①—②。

⑤ 第 17—20 小节

1—4　右脚向后擦地。

5—8　右脚向旁划 1/4 圈。

⑥ 第 21—24 小节

1—4　右脚向前划 1/4 圈。

5—8　收回一位脚。

⑦—⑧ 第 25—32 小节　同⑤—⑥。

⑨—⑯ 第 33—64 小节　同①—⑧，左脚。

结束拍：

1—4　不动。

5—8　双手收回，自然下垂。

六、压腿组合

1. 基本动作名称

压前腿、压旁腿、压后腿。

2. 训练目的

① 训练腿部的线条美；

② 胯的外开；

③ 腿的柔韧性。

3. 教学提示

① 压腿时不能拱背，后背要挺直；

② 胯根要放松；

③ 主力腿要外开。

4. 动作分解

基本动作一

准备姿态：45°面向把杆，左手扶把，右手三位，左腿站直，右腿伸直绷脚，搭在把上。

①

1—4　身体向前压下去，上身保持伸直。

5—8　上身和右手一起起来，站直，往上拔。

②　　同①。

基本动作二

准备姿态：正面把杆，右手扶把，左手三位，左腿站直，右腿伸直绷脚，搭在把上。

①

1—4　身体向右下旁腰，上身保持伸直。

5—8　上身和右手一起起来，站直，往上拔。

②　　同①。

基本动作三

准备姿态：45°背向把杆，右手扶把，左手三位，左腿站直，右腿伸直绷脚，搭在把上。

①

1—4　上身保持直立，左腿半蹲，右腿伸直，绷脚。

5—8　上身和左手一起起来，往上拔。

②　　同①。

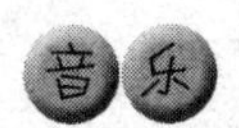

把杆组合音乐

把上压腿

1 = C $\frac{2}{4}$ ♩= 56

缓板

宋　欣　曲

（前奏）

（ 1̈ 6̇ 6̇ 5̇ 6̇ | 5̇·3̇ 2̇ | 2̇ 3̇ 5̇ 5 6 | 1̇ – ） | 5 6 1̇ 3̇ | 5̇ – | 6̇ 1̇ 2̇ 3̇ | 6̇ – |

1̈ 6̇ 6̇ 5̇ 6̇ | 5̇·3̇ 2̇ | 2̇ 3̇ 5̇ 5 6 | 1̇ – :‖

准备姿态：45°面向把杆，一位脚，左手扶把，右手一位。

准备拍：

①　不动。

②

1—2　右手由一位打开二位。

3—4　右手由二位打开七位。

5—6　右腿吸腿。

7—8　右腿搭在把杆上，右手打开三位。

① 第 1—4 小节

1—4　身体向前压下去，上身保持伸直。（见动作图 57）

5—8　上身和右手一起起来，站直，往上拔。

② 第 5—8 小节　同①。

③ 第 9—12 小节　同①。

④ 第 13—16 小节

1—4　身体向前压下去，上身保持伸直。

5—8　不动。

间奏：

1—4　上身和右手一起起来，站直，往上拔。

5—8　变为压旁腿的准备动作。

⑤ 第 17—20 小节

1—4　身体向右下旁腰，上身保持伸直。（见动作图 58）

5—8　上身和右手一起起来，站直，往上拔。

⑥ 第 21—24 小节　同⑤。

⑦ 第 25—28 小节　同⑤。

⑧ 第 29—32 小节

1—4　身体向右下旁腰，上身保持伸直。

5—8　不动。

间奏：

1—4　上身和右手一起起来，站直，往上拔。

5—8　变为压后腿的准备动作。

⑨ 第 33—36 小节
1—4 上身保持直立,左腿半蹲,右腿伸直,绷脚。(见动作图 59)
5—8 上身和左手一起起来,往上拔。
⑩ 第 37—40 小节 同⑨。
⑪ 第 41—44 小节 同⑨。
⑫ 第 45—48 小节
1—4 上身保持直立,左腿半蹲,右腿伸直,绷脚。
5—8 不动。

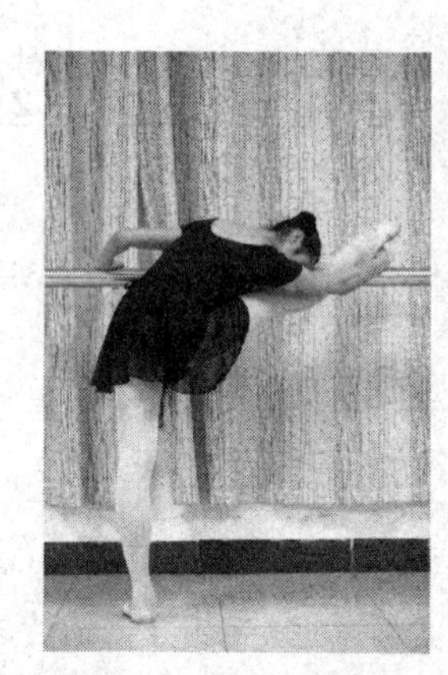
动作图 57

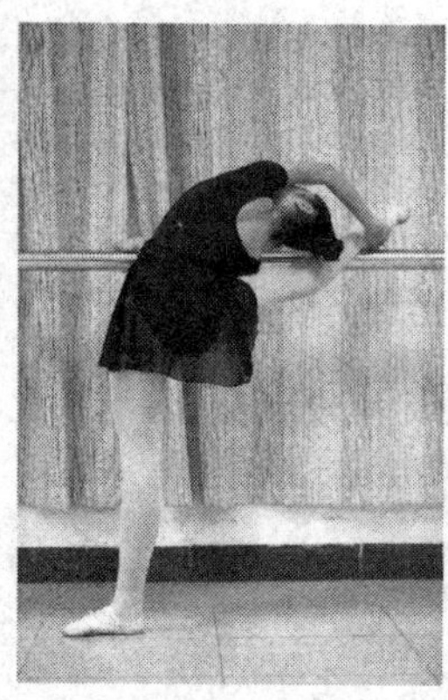
动作图 58

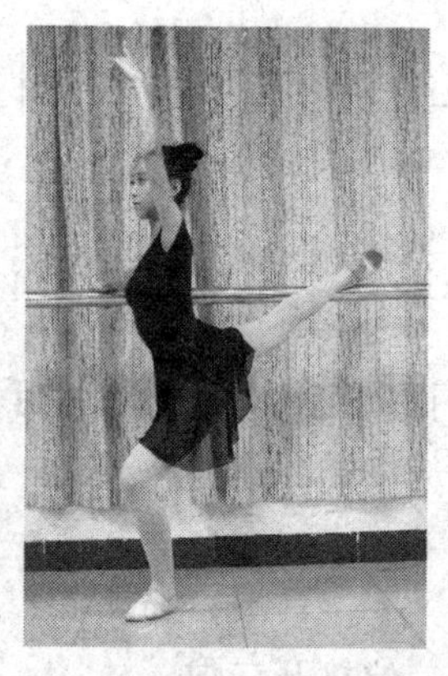
动作图 59

结束拍:
1—2 上身保持直立,三位手,左腿站直。
3—4 右腿下把,脚尖点地。
5—6 左手由三位打开七位手。
7—8 左手由七位收回一位手,右脚收回一位脚。

七、踢腿组合

1. 基本动作名称
踢前腿、踢旁腿、踢后腿。
2. 训练目的
① 腿的爆发力;
② 胯的灵活性;
③ 增强腿部力量;
④ 腿部柔韧性。
3. 教学提示
① 后背挺直往上拔;
② 胯根放松,脚背用力向上踢腿;
③ 腰保持直立,不能塌腰;
④ 上身不能晃动。
4. 动作分解
基本动作一
准备姿态:左手扶把,一位脚,七位手。

①

1—2　右腿向前踢腿。

3—4　右腿点地。

5—8　收回一位脚。

②　　同①。

基本动作二

准备姿态：左手扶把，一位脚，七位手。

①

1—2　右腿向旁踢腿。

3—4　右腿点地。

5—8　收回一位脚。

②　　同①。

基本动作三

准备姿态：左手扶把，一位脚，七位手。

①

1—2　右腿向后踢腿。

3—4　右腿点地。

5—8　收回一位脚。

②　　同①。

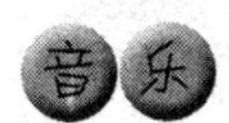

把杆组合音乐

大　踢　腿

1 = D $\frac{4}{4}$ ♩= 120

小快板

佚　名

（前奏）

(5 6 7 | 1̇ 1̇·1̇ 1̇ 5 3 1 | 5 5·5 5 3 4 | 5 3 1 6 4 2 1̇ 7 | 1̇ 1̇·1̇ 1̇) 5 6 7 |

1̇ 1̇·1̇ 1̇ 5 3 1 | 5 5·5 5 3 4 | 5 3 4 6 5 4 3 | 2 5·5 5 5 6 7 | 1̇ 1̇·1̇ 1̇ 5 3 1 |

5 5·5 5 3 4 | 5 3 1 6 4 2 1̇ 7 | 1̇ 1̇·1̇ 1̇ 2 3 | 4 4·4 4 6 5 4 | 4 3 3·3 3 3 4 |

5 5·5 6 5 4 3 | 2 5·5 5 5 6 7 | 1̇ 1̇·1̇ 1̇ 5 3 1 | 5 5·5 5 3 4 | 5 3 1 6 4 2 1̇ 7 |

1̇ 1̇·1̇ 1̇ – :‖

准备姿态：左手扶把，一位脚，七位手。

① 第 1—4 小节

1—2　右腿向前踢腿。(见动作图 60)
3—4　右腿点地。
5—8　收回一位脚。
② 第 5—8 小节　同①。
③ 第 9—12 小节
1—2　右腿向旁踢腿。(见动作图 61)
3—4　右腿点地。
5—8　收回一位脚。
④ 第 13—16 小节　同③。
⑤ 第 17—20 小节
1—2　右腿向后踢腿。(见动作图 62)
3—4　右腿点地。
5—8　收回一位脚。
⑥ 第 21—24 小节　同⑤。
⑦ 第 25—28 小节
1—2　右腿向旁踢腿。
3—4　右腿点地。
5—8　收回一位脚。
⑧ 第 29—32 小节　同⑦。

结束拍：
1—4　不动。
5—8　右手挑手腕，收回一位手。

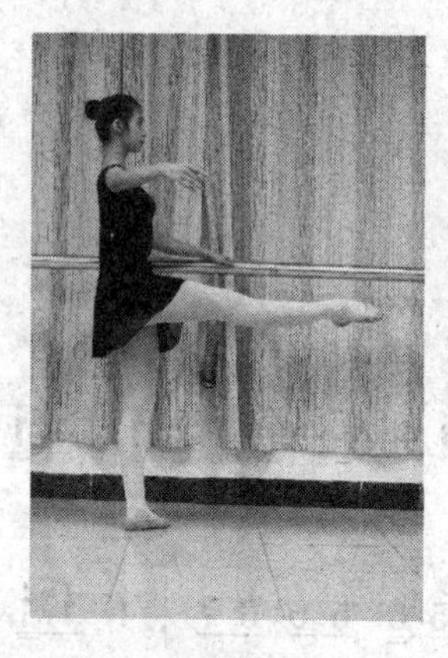
动作图 60

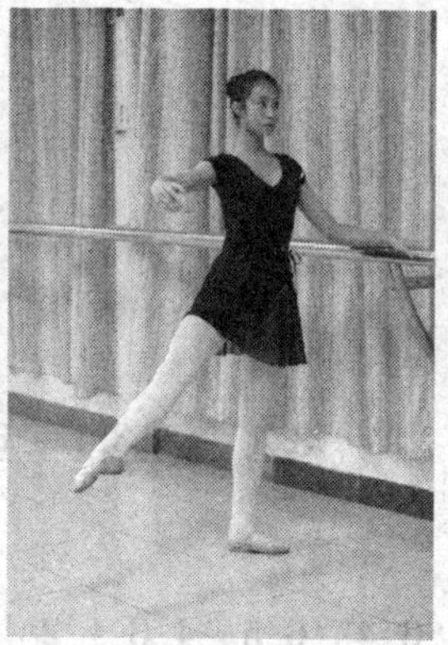
动作图 61

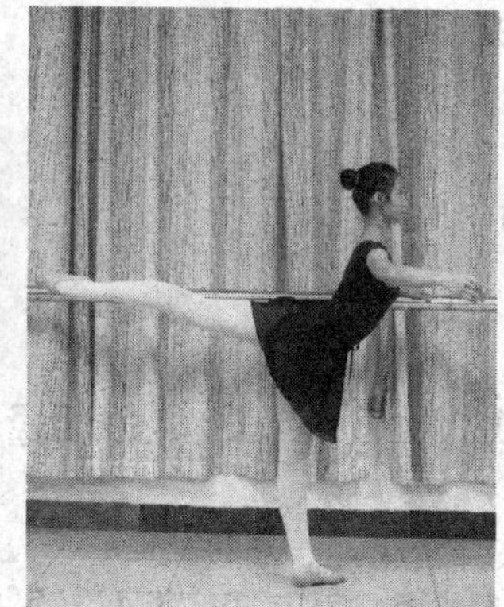
动作图 62

八、压脚跟

1. 基本动作名称

压脚跟、一位脚立、二位脚立、五位脚立。

2. 训练目的

① 脚腕的力量；
② 增强小腿肌肉的力量。

3. 教学提示

① 后背挺直往上拔；
② 膝盖用力往里压；

③ 腰保持直立，不能塌腰；

④ 不能坐胯和顶胯。

4. 动作分解

基本动作一

准备姿态：直立，一位脚，双手扶把。

①

1—4　双腿半脚尖立起来。

5—8　双腿压脚跟，落回一位脚。

②　　同①。

基本动作二

准备姿态：直立，二位脚，双手扶把。

①

1—4　双腿半脚尖立起来。

5—8　双腿压脚跟，落回二位脚。

②　　同①。

基本动作三

准备姿态：直立，右脚前五位脚，双手扶把。

①

1—4　双腿半脚尖立起来，双腿膝盖夹住。

5—8　双腿压脚跟，落回五位脚。

②　　同①。

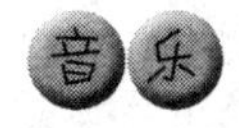

把杆组合音乐

半　脚　跟

1 = C $\frac{4}{4}$ ♩= 82

中板

邓　芳　曲

（前奏）

（53 56 1 – | 16 12 5 – | 65 43 54 32 | 1 5 1 –）|

34 56 5 – | 23 21 5 – | 67 12 1 – | 45 43 2 – |

34 56 5 – | 23 21 6 – | 76 71 2 – | 65 67 1 – |

53 56 1 – | 53 56 5 – | 61 65 3 23 | 5 56 5 – |

53 56 1 – | 16 12 5 – | 65 43 54 32 | 1 – – – ‖

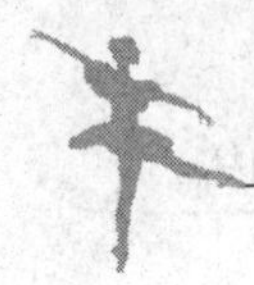
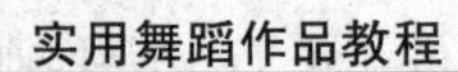

准备姿态：直立，一位脚，双手扶把。

① 第 1—4 小节

1—4　双腿半脚尖立起来。（见动作图 63）

5—8　双腿压脚跟，落回一位脚。

② 第 5—8 小节

1—2　双腿半脚尖立起来。

3—4　双腿压脚跟，落回一位脚。

5—6　右腿向旁擦地。

7—8　右腿压脚跟，打开二位脚。

③ 第 9—12 小节

1—4　双腿半脚尖立起来。（见动作图 64）

5—8　双腿压脚跟，落回二位脚。

④ 第 13—16 小节

1—2　双腿半脚尖立起来。

3—4　双腿压脚跟，落回二位脚。

5—6　右腿起脚跟，脚尖点地。

7—8　收回右脚前五位。

⑤ 第 17—20 小节

1—4　双腿半脚尖立起来，双腿膝盖夹住。

5—8　双腿压脚跟，落回五位脚。

⑥ 第 21—24 小节

1—2　在五位脚上，双腿半脚尖立起来。（见动作图 65）

3—4　双腿压脚跟，落回五位脚。

5—6　右腿向旁擦地。

7—8　收回一位脚。

⑦ 第 25—28 小节　同①。

⑧ 第 29—32 小节

1—4　双腿半脚尖立起来。

5—8　不动。

结束拍：

1—4　双腿压脚跟，落回一位脚。

5—8　双手收回，自然下垂。

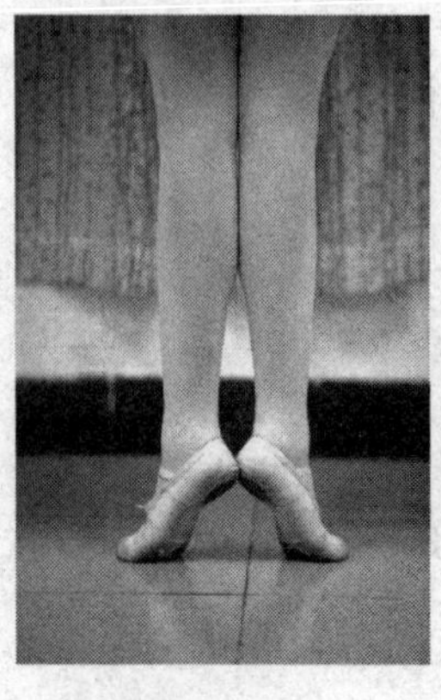
动作图 63

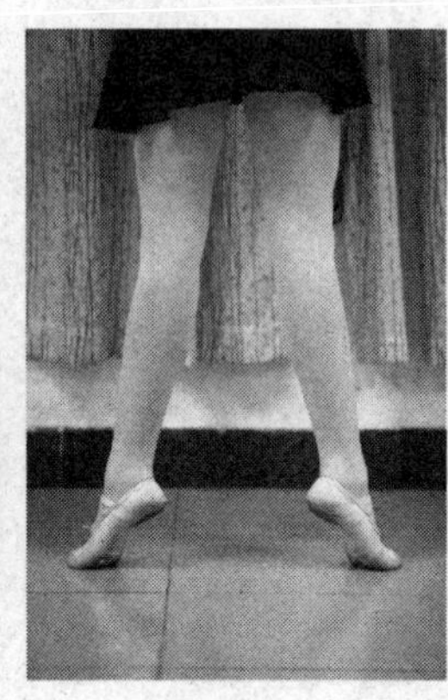
动作图 64

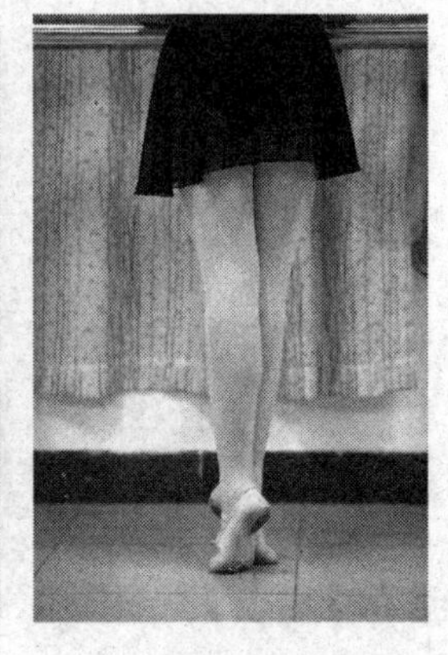
动作图 65

第三节　中间舞姿训练

中间舞姿训练是学生离开把杆后进行规范舞姿的训练。教材节选中国古典舞为教学单元，通过“动”与“静”相结合的方式，让学生了解动态艺术与静态艺术的完美融合。让学生体会在古典舞蹈中“形”与“神”的高度融合。尽力做到“心与意合、意与气合、气与力合、力与形合”，为提高舞蹈感受与理解能力打下基础。

中间舞姿训练包括中国古典舞脚位与综合性表演组合，内容由浅入深，提高学生对动作轻、重、缓、急的控制能力，使得动作更加连贯、自如、舒展，给人以美的感觉。

一、基本脚位组合

1. 基本动作名称

双背手、小八字步、丁字步、后踏步、单托手、弓箭步、大掖步、按掌、提腕。

2. 训练目的及要求

通过脚位训练，让学生了解脚的各种位置，以及脚位动作的变化连接，使学生达到身法与技法的协调。同时在训练中要求脚底连接惯性强、平稳，膝盖松弛。

3. 教学提示

要注意脚位的正确位置以及各种脚位名称。了解身体的运动路线，用呼吸带动身体做动作，手、眼、身、法、步要协调配合。

4. 动作分解

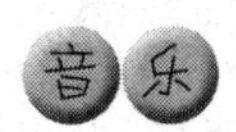

中间组合音乐

脚　位

1 = F 4/4 ♩= 72
稍慢

谢君丽　曲

（前奏）

（3· 1 6·1 6 5 | 6 4 3 2 1 6 1 | 2 7 2 6·3 5 6 | 1 5 1 –）|

‖: 1· 3 2·3 1 6 | 5 – – 1 | 3·1 6 5 5 1 6 | 5· 3 5 6 |

1· 6 3 3 | 2·5 3 2 1· 3 | 2 7 2 6·7 6 3 | 5· 3 5 6 |

1· 3 2·3 1 6 | 5 – – 1 | 6·1 6 5 5 2 6 | 5· 3 5 6 |

3· 1 6·1 6 5 | 6 4 3 2 1 6 1 | 2 7 2 6·3 5 6 | 1 – – – :‖

准备姿态：站姿，“小八字步、双背手”，身向1点，视1点。（见动作图66）

前奏：最后两小节“沉”上身，低头含胸。

① 第1—2小节

1—4　上身提气，双背手，右脚向2点方向，勾脚迈步。

5—8　左脚在前，做丁字步，最后2拍亮相。（见动作图67）

② 第3—4小节

1—8　反方向与①动作相同。

③ 第5—6小节

立直双脚；勾右旁腿，头看左上方。

3—4　落右脚，收左脚，同时，“沉”上身，形成“后踏步”，面向8点，视1点。

5—6　沉上身，提上身，同时把重心移到左脚，形成“前点地双背手”，面向8点，视8点。（见动作图68）

7—8　沉上身，提上身，同时把重心移到前脚(右脚)，形成“后踏步”，面向1点，请头，视2点。（见动作图69）

④ 第7—8小节

1—8　反方向与③动作相同。

⑤ 第9—10小节

1—4　“沉”上身，上左脚，提上身同时出右旁腿点地，视2点。

5—8　换脚，上右脚，“沉”上身，提上身同时出左旁腿点地，视8点。

⑥ 第11—12小节

1—8　反方向与⑤动作相同。

⑦ 第13—14小节

1—4 与⑤　前4拍动作同。

5—8　右脚往旁“交叉”一步，转半圈，背面，双背手。

⑧—⑩ 第15—20小节　身对5点，动作与⑤—⑦相同。

⑪ 第21—22小节

1—4　右脚往旁上一步蹲，同时“沉”右手，往旁提手，亮相，形成“单托手”脚地点45°。（见动作图70）

5—8　收回“双背手”，“沉”上身，上左脚提上身，同时出右旁腿点地，面向5点，视6点。

⑫ 第23—24小节　动作与⑪相同。

⑬ 第25—26小节

1—4　右脚往旁“交叉”，转半圈，正面，双背手，小八字步。

5—8　左脚往旁上一步蹲，同时“沉”左手，往旁提，亮相，形成“单托手”旁点地45°。

⑭ 第27—28小节

1—4　往左边上右脚“交叉”，盖左手，含下身，转一圈，回原位。

5—8　向旁上一步，(1拍到位)双手向两旁打平，把重心移到右脚上，左脚抬起25°绷脚，(3拍内完成)左脚收回“端腿”，右手收回“背手”，左手形成“按掌”，面向2点，视2点。

⑮ 第29—30小节

1—4　左手往左边推开(2拍完成)，左脚随着打开90°，(第3拍)落左脚，形成“弓箭步”，同时，左手收回“背手”，头随上身往后回身，(第4拍)回头，亮相，右手形成“按掌”在胃前，面向1点，视1点。（见动作图71）

5—8　1拍内“沉气”，含下身，同时，右手“按掌”轻轻提一下腕，(第6拍时)再以一次“提腕”，吸左脚到膝盖旁，(最后 2 拍)双手分开，左脚往后慢慢延伸绷脚，形成“大掖步”，视 2 点上方。

⑯ 第 31—32 小节

1—4　反面动作一样，动作方向相反。

右手直接收“背手”，盖左手，含上身，转半圈，变成背面。

5—8　反面动作一样，动作方向相反。最后形成“大掖步”，慢慢延伸右脚，视 4 点上方。(见动作图 72)

⑰ 第 33—34 小节

1—4　左手直接收“背手”，盖右手，含上身，转半圈，回正面。

5—8　右脚往旁上一步，同时，双手往两旁打开与身体距离 45°，左脚勾脚跟上右脚，形成“指五相”，双手慢慢收回“双背手”头留右边，(最后 1 拍)转头，亮相，左前丁字步，面向 1 点，视 1 点，结束。(见动作图 73)

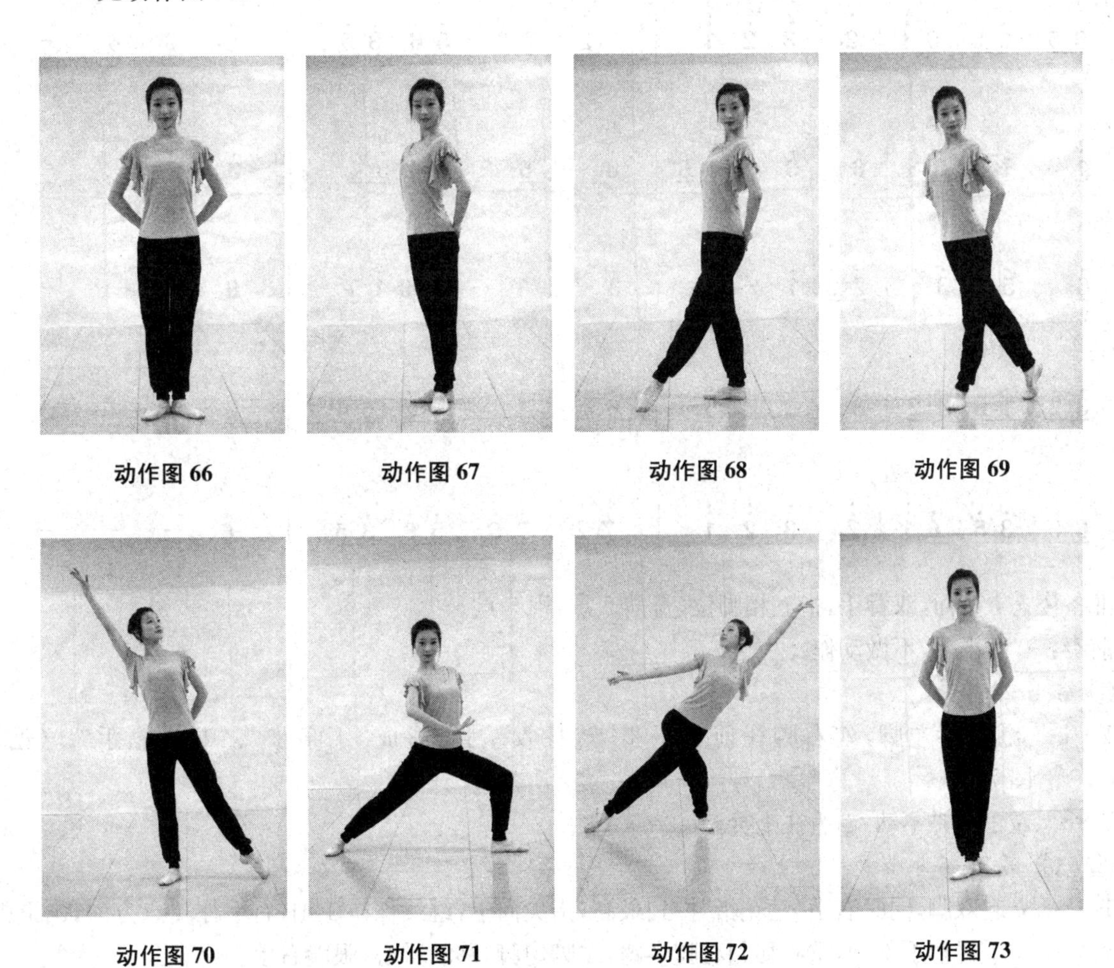

动作图 66　动作图 67　动作图 68　动作图 69

动作图 70　动作图 71　动作图 72　动作图 73

二、舞姿

1. 基本动作名称

双背手、双提襟、按掌、大掖步、山膀、顺风旗、踏步位。

2. 训练目的

结合手位与脚位的基本舞姿，用呼吸带动身体，达到体态及造型的曲线美，提高学生的表演能力，表演时强调表演者情感的控制。

3. 教学提示

注意上半身与脚下动作的协调配合，身体的运动路线，呼吸带动身体做动作，手、眼、身要协调配合。

4. 动作分解

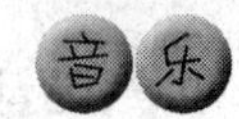

中间组合音乐

身韵组合

1 = C $\frac{4}{4}$ ♩= 78

稍慢

（前奏）

庄 妹 曲

（5 6 5 3·5 6 1 | 2· 3 2 1 | 7·2 7 6 5 6 3 5 | 6· 3 6 – ）|

‖: 6· 1 7·6 5 3 | 6 6 – 5 6 | 3· 6 1·2 5 4 | 3 – – – |

5· 6 5 3 | 2 3 1 – 2 | 3 3 5·6 1 7 | 6 – – – |

2 3 2 1·6 1 2 | 3 3 – 5 | 6· 1 1·2 5 4 | 3 – – – |

5 6 5 3·5 6 1 | 2· 3 2 1 | 7·2 7 6 5 6 3 5 | 6 – – – :‖

准备姿态：背面，双背手，指五相脚位，身向 5 点，视 5 点。

前奏：有两小节，不做动作。

① 第 1—2 小节

1—4 立脚，落左脚，勾右脚往前上一步，转身收左脚，形成“丁字步”、“双提襟手”。（见动作图 74）

5—8 左手提襟不动，右手往上拎。

②—③ 第 3—6 小节

1—8 立起双脚，同时右手“兰花指”拎到最高，指尖向上，继续保持 4 拍，右手往 4 点方向，画下弧线，左手提襟手不动，重心移到右脚半蹲，左脚勾脚，移动重心，眼随右手。

④ 第 7—8 小节 甩头，亮相，定住，不做动作。

⑤ 第 9—10 小节 成“左踏步”双手为“左提襟”、“右按掌”，第 4 拍亮相（见动作图 75），面向 2 点，视 1 点。

⑥ 第 11—12 小节

1—2 转身到 8 点，拎起右手到头顶上方，手伸直，“兰花指”指尖向上，吸右脚到左膝旁绷脚。

3—4 把右脚延伸点地，左脚稍蹲，右手在头顶上方不动，上身倾斜往后靠，面向 8 点，视 8 点。

5—6 （背面，1 拍到位）双脚立，手位不动。（1 拍）撤右脚，形成“提襟单托手大掖步”，面向 5 点，视 4 点上方。（见动作图 76）

7—8 回身（正面），右手走下弧线往 3 点方向延伸，重心移到右脚，左脚点地绷脚。

⑦ 第13—14小节

1—2　回身(背面),右手走下弧线往7点方向延伸,右脚重心稍蹲,左脚点地勾脚(左手提襟手不动)。

3—4　双脚稍蹲,重心移到左脚,右手下弧线撩手、甩头、亮相,形成“提襟山膀”手位、踏步位。(见动作图77)

5—6　呼吸沉气,沉右手,绕腕,再一次亮相,形成“提襟山膀”手位、踏步位。

7—8　定住,不做动作。

⑧ 第15—16小节

1—3　沉双手,“双晃手”从做旁往上拎在头顶上方,往2点方向走3步,同时,双手同上往右旁放下。

4—　抬起右前腿90°,同时,起右手,手心向上,左手打平。

5—8　第1拍亮相到位。右腿90°从前面往右旁画,落脚,同时,拧身,形成“双山膀大掖步”,面向5点,视5点。

⑨ 第17—18小节

1—4　左脚往1点方向上一步,面向3点,双手交叉从上往下交叉经过胸前,吸右腿,形成“顺风旗”。(见动作图78)

5—8　右脚往右后慢慢延伸绷脚,形成“顺风旗大掖步”。

⑩ 第19—20小节

1—8　双脚立,同时双手拎起在头顶上方伸直兰花指指尖向上,“双晃手”从左旁往下走下弧线到右下方25°,同时右脚勾脚离地,左脚半蹲,视向8点上方。

⑪ 第21—22小节

3—4　收左脚成踏步位,同时形成“托按掌”(左按右托)。

5—8　脚位不变动,换手“托按掌”(右按左托),慢慢地随音乐节奏往左下方低头,提右旁腰。

⑫ 第23—24小节

1—4　往左边(7点方向)走3步,先走左脚,到位时,成“踏步位”,同时,拧身背面,“双提襟手”,面向5点。

5—8　撤左脚“踏步位”,拧身正面,“双提襟手”面向1点。

⑬ 第25—26小节

1—4　左手打平,右手往2点斜方,呼吸,上身与右手往前延伸,重心在右腿稍蹲,左脚绷脚离地25°。

5—8　落左脚,马上移重心到右脚,吸左腿,收手回身,亮相“双托掌左脚点地”。(见动作图79)

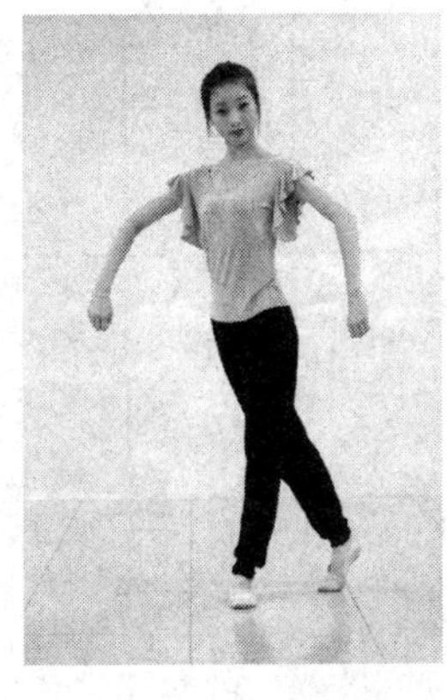

动作图74

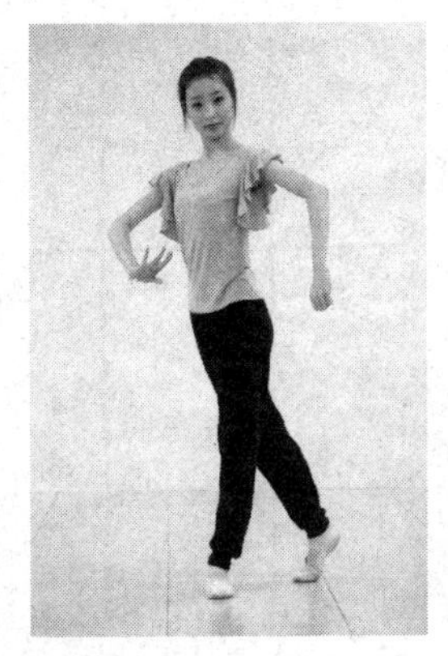

动作图75

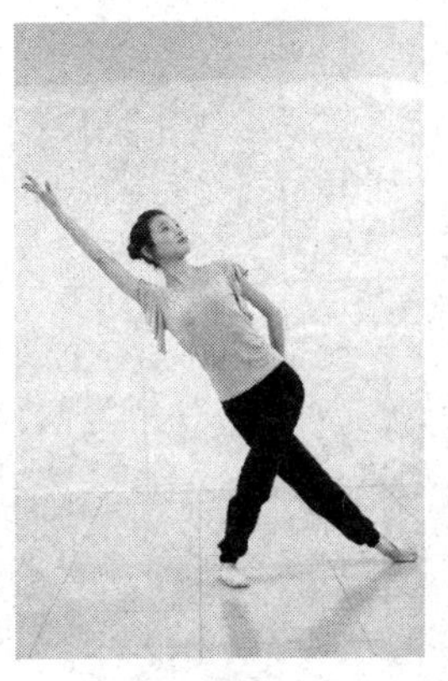

动作图76

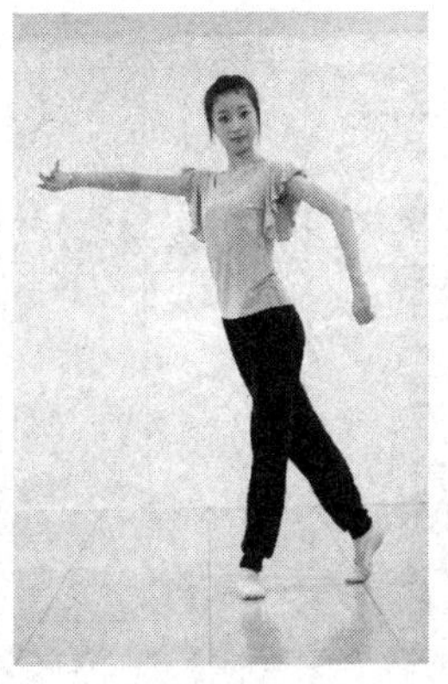

动作图77

⑭ 第 27—28 小节

1—4　向 8 点上左脚，左手往旁推开，收背手，右手在胸前，形成“踏步蹲”。（见动作图 80）

5—8　提上身，向 3 点上右脚，吸左脚，亮相左脚点地“顺风旗”。（见动作图 81）

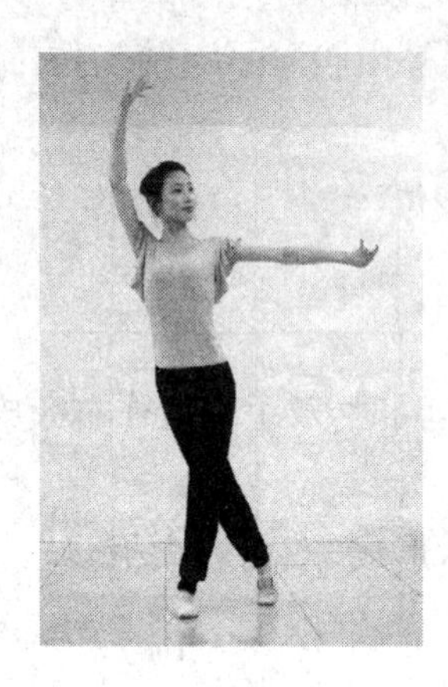

动作图 78

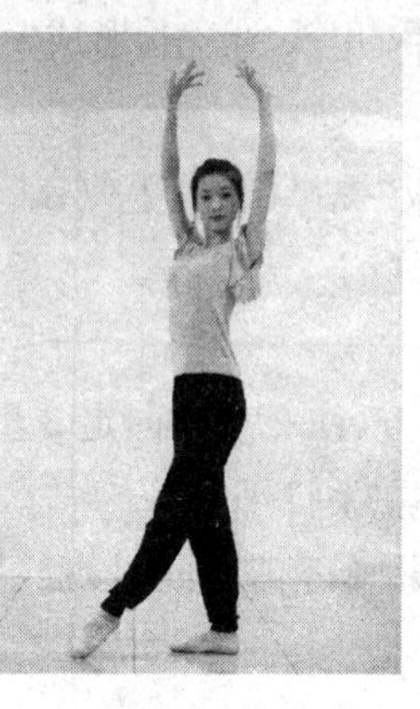
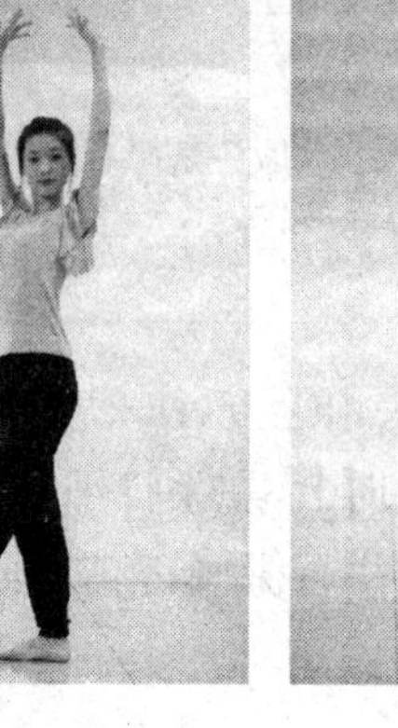

动作图 79

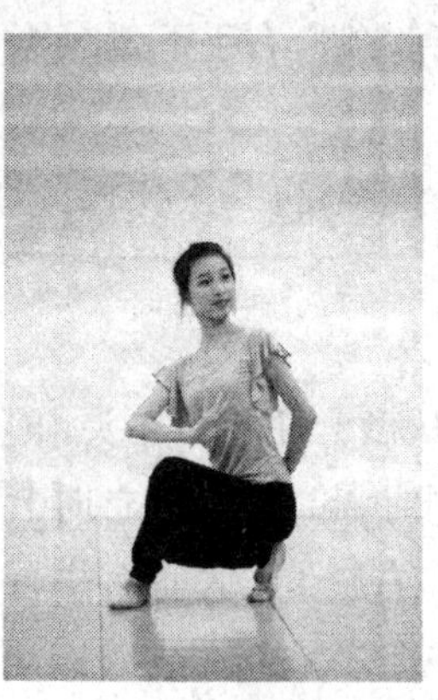

动作图 80

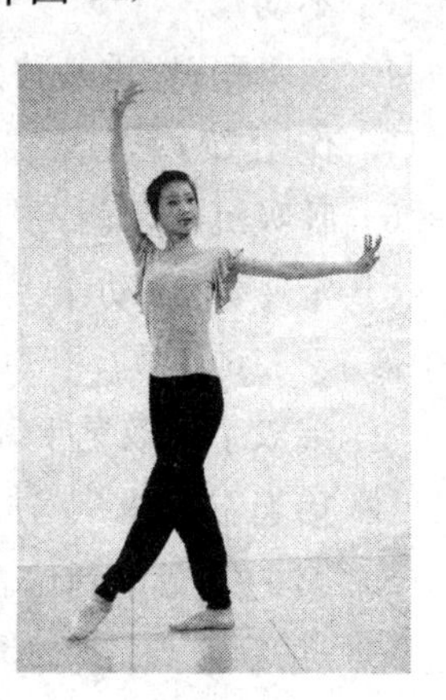

动作图 81

第二篇

中国民族民间舞蹈

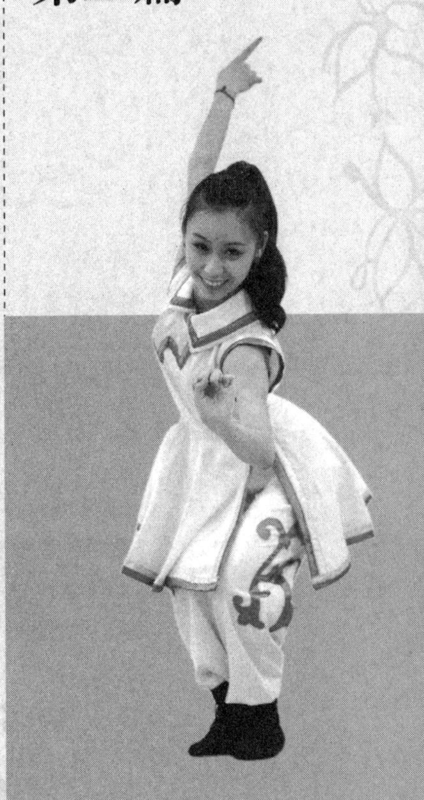

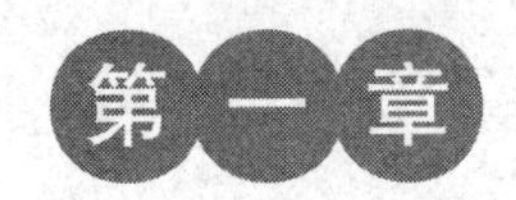

中国民族民间舞概述

中国是一个拥有五千年悠久历史的文明古国，在五千年的历史长河中，舞蹈是一颗璀璨的夜明珠，闪耀着与众不同的光芒。中国是一个多民族国家，在广袤而又辽阔的土地上，居住着勇敢、勤劳、智慧的五十六个民族。不同民族在不同的生活区域中传播着不同的文化。由于不同的生活方式、不同的民俗民风、不同的地域风情和宗教信仰，创造出风格迥异的民族民间舞蹈，具有非常鲜明的民族或地域的特色，丰富多彩的各民族民间舞蹈如同盛开的鲜花美不胜收。各民族都有自己的传统舞蹈，舞蹈中体现了自己独具特色的习俗、风情和文化。其形式之广、内容之多可称作世界民间舞之最，傲立于世界舞蹈之林，成为舞蹈取之不尽的动作元素宝库。

一、民间舞蹈的特性

民间舞蹈是深深植根于群众之中，反映群众生活、思想、愿望，由人民群众自己创作、集体传承的舞蹈。在不断的历史发展过程中，民间舞蹈也随之前进、发展，形成了独具特色的六大特性。

1. 群众性

民间舞蹈具有广泛的群众基础，各族人民的劳动生活是民间舞蹈取之不竭的创作源泉，劳动人民是天然的演员与观众。他们不仅是表演者，更是创造者和传承者。

2. 地域民族性

民间舞蹈受自然环境和地域的影响，形成了形态、风格、节奏完全不同的民间舞蹈。具有鲜明的民族风格特点和地域文化色彩。

3. 继承性

民间舞蹈还保存着许多古代生活的形象特征，历经无数次的洗礼，将基本舞蹈动作和表演形式保留下来，深受人们喜爱。

4. 自娱性

民间舞来自生活，是人们对生活的一种体验。群众既是舞者也是观者，在优美的鼓乐伴奏下载歌载舞，表达内心的喜怒哀乐。民间舞是广大人民群众自娱自乐的艺术表现形式。

5. 即兴性

民间舞蹈表演程式规范性不强，舞姿造型因人而异，是人们随性、随情而发的。群众在特定的场所，根据不同的音乐，用不同的肢体语言表达内心情感。

6. 适应性

民间舞蹈与时俱进，它以历史时代为背景，适应着潮流与发展，在不断变化中吸取经验、传承舞蹈文化。

二、民间舞蹈教学的必要性

民间舞蹈教学具有一定的代表性、训练性。通过学习让学生掌握身体的规律，实现内外统一的美。民间舞来自生活，是对生活的真实写照，并随着社会发展而不断变化发展。民间舞动作复杂丰富，灵活多变，最大能力地表现生活，给人以质朴之美。这些都可以拓宽学生的视野，使学生了解和弘扬民族舞蹈艺术。本章教材选用了极具代表性和典型性的六大民族作品进行教授，包含汉族、蒙族、傣族、彝族、维族、藏族，丰富了学生的舞蹈知识，累积了舞蹈动作元素，对全面提升学生的鉴赏能力、表演能力、审美能力起到了积极的作用。

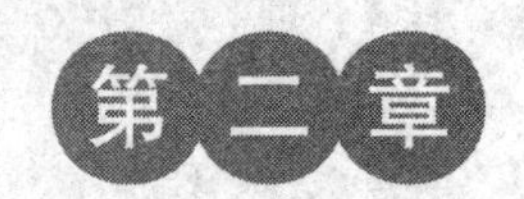

中国民族民间舞训练

第一节　汉族民间舞蹈

汉族是我国人口最多的民族，由于生活的地域环境、气候条件、物质条件和文化等不同，汉族民间舞的风格特点也就不同。汉族的民间舞蹈不但种类繁多，而且内容丰富、风格各异。即使是相同种类的歌舞，因地区的不同，也会在风格、装扮和表现形式上独具魅力且各有特色。就整体而言，与少数民族的民间歌舞相比，汉族舞蹈又共同拥有以下特点：载歌载舞、借助道具、技艺结合、形象鲜明、情节生动、鼓舞结合、借物寓情等。

一、汉族舞蹈种类

汉族民间舞蹈是汉文化的重要组成部分，是汉族农耕生活的反映。不管是舞蹈的时间与组织方式，还是舞蹈的题材、形式，都和农耕生活紧密结合，并体现“顺应自然”、“天人合一”的思想。汉族民间舞蹈种类繁多，在民间广为流传的有灯舞、狮舞、龙舞、秧歌、绸舞等。汉族民间舞蹈中最具代表性的是各汉族地区的秧歌舞蹈。最早的秧歌产生于我国中原一带，由于地域不同，分布较广，就形成了各种不同风格特点的秧歌。经过不断的整理、加工，现已进课堂的有东北秧歌、山东胶州秧歌和鼓子秧歌等。

二、东北秧歌

东北秧歌主要流行于辽宁、黑龙江、吉林三省，是我国东北地区喜闻乐见的民间舞蹈形式。东北秧歌起源于耕田、插秧的农耕生活，经过几代专业人的创作、加工，把民间艺人自娱自乐的表演升华为现在的东北秧歌，深受广大人民的喜爱。东北秧歌风格独特、形式诙谐，将东北人热情、质朴、火爆、泼辣又刚柔并济的性格特征挥洒得淋漓尽致。稳中浪、浪中俏、俏中艮和踩在板上、扭在腰上是东北秧歌的最大特点。独特的体态特征、明快的鼓点、鲜明的动律伴随着东北秧歌不断发展。

1. 东北秧歌的风格特点

1）独特的体态特征

东北秧歌表演时保持身体前倾，下颚稍收。这样就能让动作更加的灵活、利落，而女性身体的三道弯，更能体现“俏”字。在表演时强调以情带动，做到动中有情。扭秧歌，“扭”有扭腰之意，即扭在腰眼上，扭字最能体现东北人乐观、泼辣、欢快、奔放、率直、幽默的性格。

2）变化的动律特征

东北秧歌的动律分为前后动律、上下动律、划圆动律，三个动律之间的衔接都是腰。且运动路线是下弧线，然后快速形成舞姿。

3）多变的步法特征

东北秧歌的步法包括跳踢步、前踢步、侧踢步、踢步、颤步、顿步，做踢步时膝部的屈伸要弹性而短促，动作腿的踢要小而快，主力腿交换稳而有力，上身微前倾，胯上提。形成了出脚急、落脚稳、慢移重心的特点。

2. 东北秧歌的音乐特点

1）东北秧歌的传统乐曲多为四二拍子，也有四四拍子或一拍子（流水板）。节拍重音不一定在每小节的第一拍，有时出现在小节中间或最后一拍，节奏富有变化。

2）运用大量附点音符，特别是在中速或慢速的乐曲中。

3）装饰音与滑音多，形成了俏皮、率直、幽默的情绪。

4）舞蹈动作对答形式，是因为曲子是“句句双”。

3. 东北秧歌常见道具

东北秧歌常见道具有手绢、手玉子、鼓、锣、马鞭、扇子等，主要是手绢、扇子。

汉族舞蹈作品

1. 作品名称

东北秧歌《红辣椒》

2. 基本动作名称

里挽花、前踢步、圆场步、顿步、跳踢步、二鼓动作。

3. 训练目的

进行“开范儿”和秧歌的基础训练，学会里挽花、片花、基本扭法和踢步。为学习秧歌打下坚实的基础，使学生掌握好秧歌的基本动律特征和四个特点。

4. 动作分解

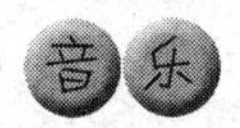

汉族舞蹈作品音乐

红　辣　椒

1 = C $\frac{2}{4}$ ♩= 72

中板

佚　名

（前奏）

（ 3 5 3 2 1 2 1 2 3 5 3 2 1 2 1 2 | 6 7 6 5 3 5 3 5 6 7 6 5 3 5 3 5 | 6 6 1 2 3 2 3 5 |

rit.　自由地

6 3 5 6 1 6 1 2 | 3 0 | 1·2 3 5 3 2 2 7 ）| 6·1 6 5 | 3 5 6 1 | 6 5 3 2 | 1· 7 |

6·1 2 3 | 7 6 5 3 | 6 － | 6 － | 6·5 3 5 6 7 6 5 3 5 3 5 | 6·5 3 5 3 5 6 2 7 |

6 7 6 5 6 6·5 3 5 | 6 7 6 5 3 5 3 5 6·5 3 5 3 5 | 6 2 3 2 3 1 2 3 | 6·3 1 2 1 2 3 5 3 2 1 2 1 2 |

6·5 3 5 3 5 6 7 6 5 3 5 3 5 | 6 6 1 2 3 2 3 5 | 6 6 2 7 6 | 5 5 6 3 2 | 1·6 1 6 1 2 |

3 － | 6 6 2 7 6 | 5 5 6 3 2 | 1·3 2 7 | 6 1 6 1 2 2 1 2 1 2 3 3 | 2 3 2 3 5 5 3 5 3 5 6 6 |

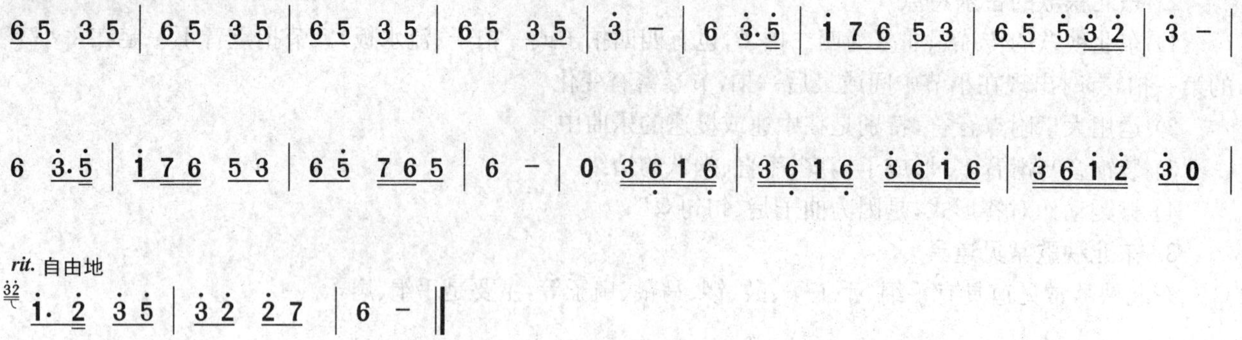

6̲5̲ 3̲5̲ | 6̲5̲ 3̲5̲ | 6̲5̲ 3̲5̲ | 6̲5̲ 3̲5̲ | 3̇ - | 6 3̇·5̇ | i̇76 53 | 65 532̇ | 3̇ - |

6 3̇·5 | i̇76 53 | 65 765 | 6 - | 0 3616 | 3616 3616 | 3612̇ 3̇0 |

rit. 自由地

3/2 i̇·2̇ 3̇5 | 3̇2̇ 2̇7 | 6 - ‖

准备姿态：双手自然位，正步面向2点。

前奏：

圆场步，低头半蹲，双手片花，身向2点。双手顺风旗手位，正步位向上跳，成招手相。（见动作图82）

1—8　二鼓动作

鼓点：咚 0 古儿　龙咚　仓　咚·不　咚 | 仓 0

【叫鼓】连续动作　【鼓相】

叫鼓：左腿前迈，双手里挽花。

连续动作：① 右脚上步翻身。

② 左脚起，单起单落，右手打左腿，甩手绢。

③ 反面。

鼓相：身对3点，上左脚成右踏步，上身稍前倾，上身扭对一点，左叉腰，右手旁臂位。（见动作图83）

①—② 第1—4小节

1—4　身对一点，正步位，双手下弧线慢下挽花前踢步，2拍一次做7次，最后收在身体两侧。

5—8　不动。

③ 第5—6小节

1—6　前拧步甩巾，左脚迈向前成右后点步，左手甩向旁臂位，右手甩向前臂位，两臂成90°夹角。（见动作图84）转向7点，右脚往前靠左脚捻转，双手手肘打折甩向胸前（单展翅相）。（见动作图85）

7—8　不动。

④ 第7—8小节

1—8　重复③7—8的动作，每两拍一小节，一拍转一个方向。

⑤ 第9—10小节

1—2　左脚往左迈，移重心，成右勾脚伸直，双手左旁里挽花。（见动作图86）

3—4　反面。

5—　左脚迈向8点半蹲，右脚旁点地，双手左旁臂位里挽花，身体向右后方倾斜，眼看8点上方。

6—　右脚迈向8点与左脚交叉，双手右旁臂位里挽花。

7—8　双手往左划上圆弧至左旁臂位，左下方甩巾，左脚迈向8点，右后吸腿。

⑥ 第11—12小节

1—8　重复⑧的动作。

⑦ 第13—14小节

1—4　转向1点，左脚迈向1点成右踏步，双手左旁臂位甩巾。

5—6　双手右旁臂位甩巾，身体扭转向左，右脚上步捻转。（见动作图87）

7—8 重复 5—6 的动作。

⑧ 第 15—16 小节

1—8 重复⑩的动作。

⑨ 第 17—18 小节

1—2 左脚向左跳一步成右踏步交叉蹲，双手经上划线里挽花至左旁臂位。（见动作图 88）

3—8 双手里挽花，2 拍一次，3 次，左右交换。

⑩ 第 19—20 小节

1—4 双手从胸前外推，成看戏相。

5—6 双手提巾，站起（遮脸）。

7—8 双手左移，露脸，身体三道弯，半蹲。（见动作图 89）

⑪ 第 21—22 小节

1—8 移重心，双手里挽花，2 拍一次，4 次，左右交替（先左）。

⑫ 第 23—24 小节

1—8 重复④ 5—8 的动作，放慢，两拍一次。

⑬ 第 25—26 小节

1—8 重复④的反面动作。

⑭ 第 27—28 小节

1—8 重复⑤的反面动作。

⑮ 第 29—30 小节

1—8 低头，后退，双手膝前片花。

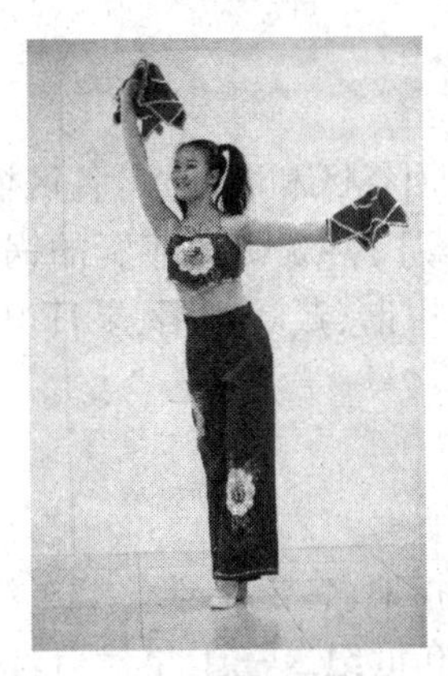
动作图 82

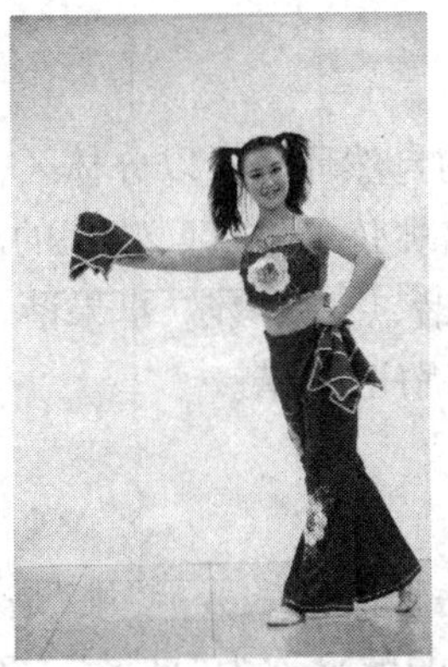
动作图 83

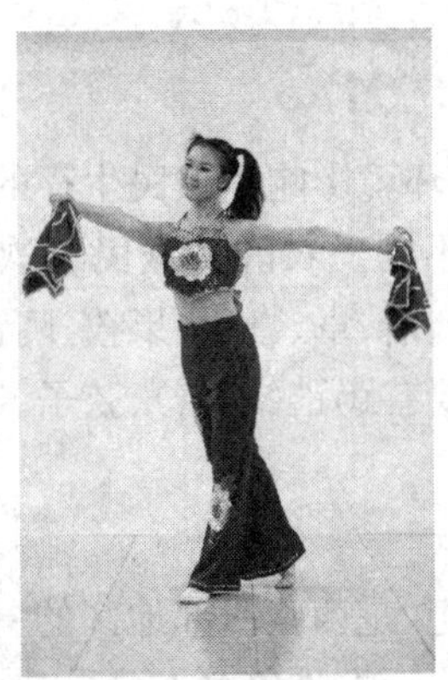
动作图 84

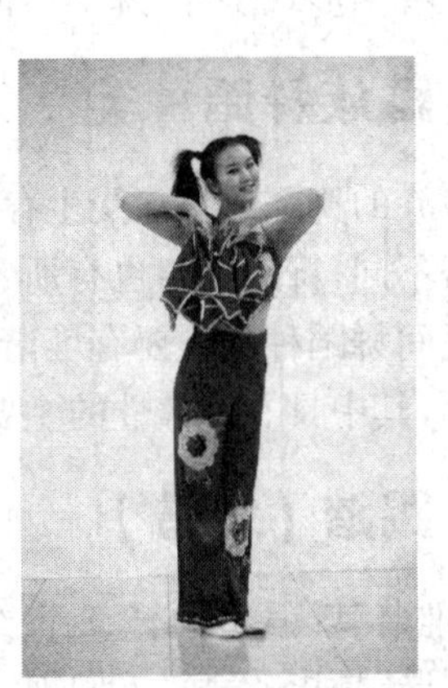
动作图 85

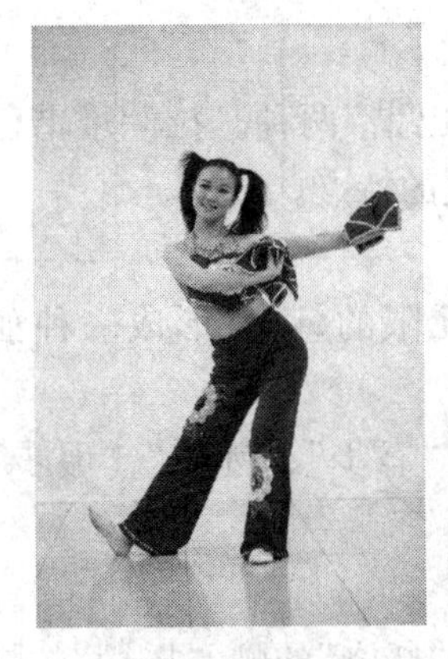
动作图 86

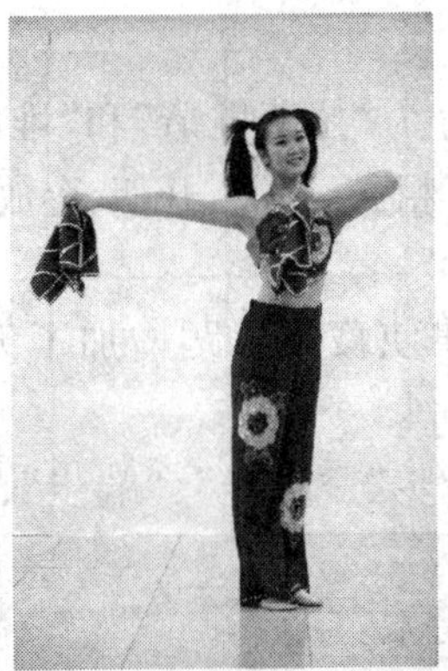
动作图 87

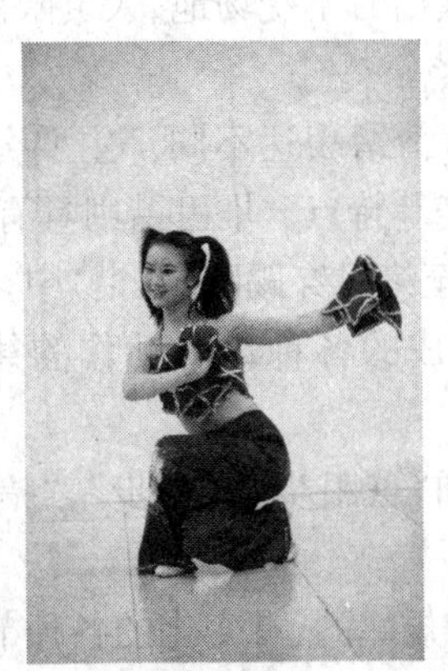
动作图 88

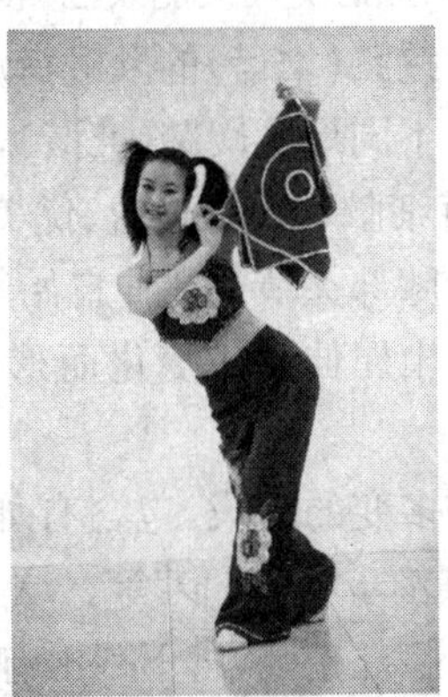
动作图 89

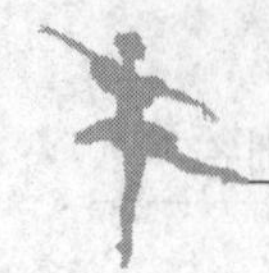

⑯ 第 31—32 小节

1—4 一鼓动作

鼓点：咚 0 古儿龙 咚 | 仓 |

【叫鼓】 【鼓相】

叫鼓：左腿前迈成右踏步半蹲，双手里挽花。

鼓相：左脚在前交叉右踮脚，侧身对 1 点，左肩低，右手托手。

5—6 身体对 7 点，右手立花。

7—8 接住，含胸。

⑰ 第 33—34 小节

1—8 右脚在前形成左踏步，左手于右肩前，右手从 7 点划上弧线至托掌。

组合结束。

第二节 藏族民间舞蹈

藏族，文化传统深厚，以能歌善舞闻名于世。藏族善于用歌舞来表达感情，抒发情怀，歌舞是他们日常生活中不可或缺的一部分。形成了藏族舞蹈舞中有歌，歌中有舞，歌舞一体的艺术风格。藏族人民主要居住在我国的西南边陲康藏高原及青海、甘肃、四川、云南等省。藏族居住区域辽阔，自然环境差别很大，因此藏族舞蹈形式多样，舞蹈语汇丰富。各地的劳动方式不同，形成的风格也各有特色。

一、藏族舞蹈种类

藏族的舞蹈风格深受生存环境影响。藏民生存的自然环境可以分林区、河谷区和草原区，各区域的生活习俗不同，舞蹈风格也有所不同。农区的藏民喜欢跳弦子，林区、牧区的藏民喜欢跳无伴奏的锅庄等。藏族民间舞蹈种类主要有堆谐、谐、卓、囊玛、果孜、阿谐、热巴、嘎尔、卓果谐、甲谐、藏戏舞蹈、果日白朵、羌姆舞蹈，其中具有代表性的主要有踢踏（堆谐）、弦子、锅庄、果谐。

二、踢踏（堆谐）

“堆谐”舞蹈起源于 13 世纪，是西藏西部地区的一种民间歌舞。“堆”是指地名，泛指雅鲁藏布江上游一带，“谐”是指歌舞。人们把流行于雅鲁藏布江一带的歌舞称为“堆谐”。20 世纪二三十年代后，这种舞蹈传入青海湖等地方，不久后在整个西藏地区流行并逐渐演变为踢踏舞的形式。“堆谐”舞蹈情绪热烈、动作轻松，既能娱人又能娱己，演出时不受场地、人员限制，因而广泛普及。

1. 踢踏（堆谐）的风格特点

1）不同地区踢踏（堆谐），情绪表达不同。主要分为“拉萨堆谐”和“堆巴谐”两种。拉萨堆谐已城市化，具有细腻、含蓄、轻盈、优美等特点。堆巴谐则具有粗犷、活泼、开朗、奔放的特点。

2）膝部关节的屈伸自始至终贯穿踢踏（堆谐）中。

3）由屈伸动律变化而形成的各种舞蹈动作韵律使藏族舞蹈增加了无限的魅力，形成一种独特的风格。

4）多变的步伐，包含有如“点跟步”、“撩步”、“抬步”、“跺步”、“踹步”、“靠步”、“刨步”、“碾步”、“拖步”、“点颤步”、“蹭步”等。

5）膝部松弛，脚下踏出有规律的、有变化的各种节奏。

6）踢踏（堆谐）中用腰动作非常丰富，不管是男性还是女性舞蹈者，对于“妖娆”的腰、“摇摆”的腰运用非常讲究。

2. 踢踏(堆谐)的音乐特点

1) 其音乐和舞蹈有完整的程式,有固定的引子和尾声曲。

2) 正曲由"降谐"与"觉谐"(快板)组成。

3) 音乐节奏鲜明、欢快。

3. 踢踏(堆谐)常见伴奏乐器

"堆谐"舞蹈伴奏的乐器主要有六弦琴、扬琴、竹笛、铁胡、串铃等。

4. 常见基本动作

1) 退踏步

准备姿态:双手自然垂肩,放于身体两侧。

第1拍:右脚向后退半步,脚掌点地,右手向前摆,左手向后摆,接左脚原地踏一步。

第2拍:右脚向前踏一步,右手向后摆,左手向前摆,接右脚原地踏一步。

2) 抬踏步

准备姿态:丁字步位,双手自然垂肩在胯旁,左右交替摆动。

第1拍:左小腿弯曲吸回,右脚掌击地,双手经前向左摆,接左脚落地。

第2拍:右脚踏地,落于左前丁字步位,身体稍弯曲。

3) 滴答步

准备姿态:两脚丁字步,双手身前交叉。

第1拍:右脚掌击地,右膝弯曲,左小腿原位吸起,双手腹前,后半拍跺脚。

第2拍:踏右脚,跺左脚,双手经前回到身体两侧。

藏族舞蹈作品

1. 作品名称

《吉祥》

2. 基本动律

① 屈伸动律:以胯为发力点,蹲起时强调胯起胯落。膝盖自然放松,从而形成一种连绵不断的循环感。注意重拍在上,弱拍时蹲。

② 颤膝动律:颤膝动律是在屈伸动律的基础上,把蹲起的幅度与速度最小化,以胯为发力点,膝盖自然放松,形成的颤膝动律。

③ 踩步:在颤膝动律的基础上,抬脚踩步,注意踩的时候强调脚从后向前铲下去,抬脚的位置在小腿以下,不宜过高,胯部自然放松,在颤膝与踩步的同时,自然形成一种协调的摆动。

3. 动作短句

① 三步一点:右脚向旁经过蹲抬脚下踩移动,第四步时勾脚点低(2拍一步)。双手从小七位合回,交叉,经过掏手打开,合回交叉(2拍一变)。

② 退踏步短句:右脚后撤,右手向前左手向后自然摆动(1拍)。在点地后左脚踏步(嗒拍)右脚向前踩步,左手向前右手向后自然摆动(2拍)。3—4拍重复1—2拍动作。左脚发力推地向后跳跃,双手由右至左划半圆(5拍)。左脚踩步(6拍)。左脚向前上步,右脚踩步,左手向前右手向后自然摆动(7—8拍)。

4. 训练目的

通过该舞蹈作品,使学生对藏族舞蹈的风格特点有一个初步的了解,通过胯关节、膝关节的综合训练来提高学生的肢体协调能力。热情欢快的音乐与自由洒脱的踩步,也更能使学生充分把握舞蹈作品的情感。

5. 要点提示

注意藏族舞蹈屈伸动作中,以胯为发力点,胯起胯落,同时保持胯部与膝关节的放松,踩步时,从后向前铲向地面。注意与颤动律的配合。

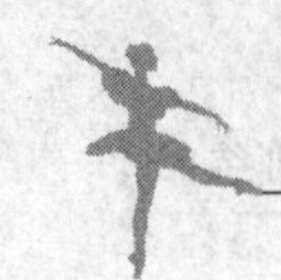

6. 动作分解

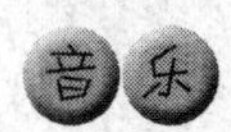

藏族舞蹈作品音乐

吉 祥①

1=G 4/4 ♩=80

行板

佚 名

（前奏）

(5 - - 565 | 323 3 - - | 5 - - 565 | 321 1 - - | 6/4 115 115 115 115 11) 1 |

‖: 4/4 51 1·2 15 5 | 53 2·5 31 1 | 35 665 332 3 | 53 256 11 1 :‖

3 5 5· 65 | 323 3 - - | 3 5 5· 65 | 321 1 - - | 6/4 115 115 115 115 11 1 |

‖: 4/4 51 1·2 15 5 | 53 2·5 321 1 | 35 665 332 3 | 53 256 11 1 :‖

准备造型：左脚在前踏步蹲，左手在嘴前指尖冲上，胳膊肘下垂。右手后背手，后背与地面平行。（见动作图90）

① 第1—2小节

1—4　保持造型。

5—8　放松造型，双手下垂，低头含胸，踏步不变。

② 第3—4小节

1—4　右脚上步，右手从左至右划圆，左手围腰。

5—8　反方向重复，停顿造型。（见动作图91）

③—④ 第5—8小节

1—8　向右三步一点短句，二拍一步。

9—16　向左三步一点短句，二拍一步。

⑤ 第9—10小节

1—8　双手扶胯向前跺步右脚开始一拍一跺，第7拍右向前跺步停顿。

⑥ 第11—12小节

1—8　向后跺步，重复向前跺步的所有动作。

⑦ 第13—14小节

1—6　右脚开始跺步，向左绕一个圆圈，第6拍右脚向前跺步停顿。

⑧—⑨ 第15—18小节

1—16　退踏步短句，重复2次。（见动作图92）

⑩ 第19—20小节

1—8　右脚向前踢步，双手向肩部放松摆回。右脚落脚时左脚跺步，双手由前落下向旁打开到七位。2拍1次，重复4次。（见动作图93）

---

① 选自《迷藏·西藏秘境》第六首《阿哈哈吧啦吗哒咪》。

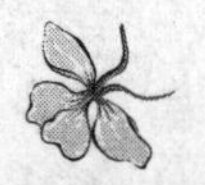

⑪ 第 21—22 小节

1—4　重复第 19 小节的动作，注意在踢步的同时，主力腿发力向旁跳跃。

5—8　右脚向前踢步，双手向肩部放松摆回。左脚向前踢步，双手由前落下向旁打开到七位。重复 1 次。7 拍左脚跺步，双手由前落下向旁打开到七位。

⑫ 第 23—24 小节

1—8　1 拍右脚吸腿跳步，左手在前，前后围腰(见动作图 94)，2—4 拍右脚开始依次跺步。5—8 拍左脚开始做反方向，右手在上左手在下，呈一直线。重复 2 次。

⑬ 第 25—26 小节

1—4　重复第 23 小节动作。

5—8　重复第 19 小节动作。

2—8 至 3—8　重复 1—8 的动作。

⑭ 第 27—28 小节

1—6　右脚向前踢步，双手向肩部放松摆回，左脚向前踢步，双手由前落下向旁打开七位，二拍一次，重复 3 次。

⑮ 第 29—30 小节

1—4　向 5 点方向，右脚在前垫步，右手从下至上划圆到三位，左右后背手。一拍一步，走 4 步。

5—8　脚下重复 1—8 拍的动作，手保持七位不变。(见动作图 95)每步变换一次方向，依次为 1 点、3 点、5 点、7 点。

⑯ 第 31—32 小节

1—8　重复第 29—30 小节动作。

⑰—⑱ 第 33—36 小节

1—4　右脚向 8 点上步，左脚跟后踏步，右手三位，左手七位。(见动作图 96)左脚后撤。右脚垫步。右脚向 2 点上步准备接反面。(见动作图 97)

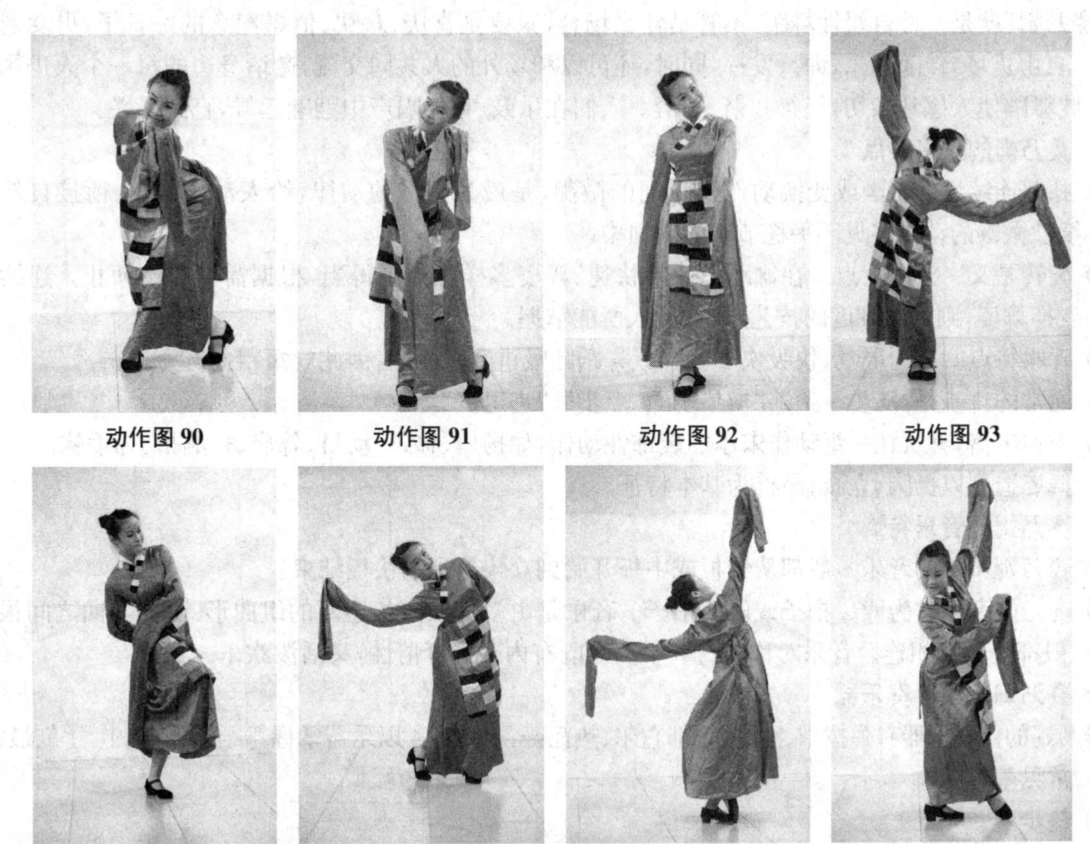

动作图 90　动作图 91　动作图 92　动作图 93

动作图 94　动作图 95　动作图 96　动作图 97

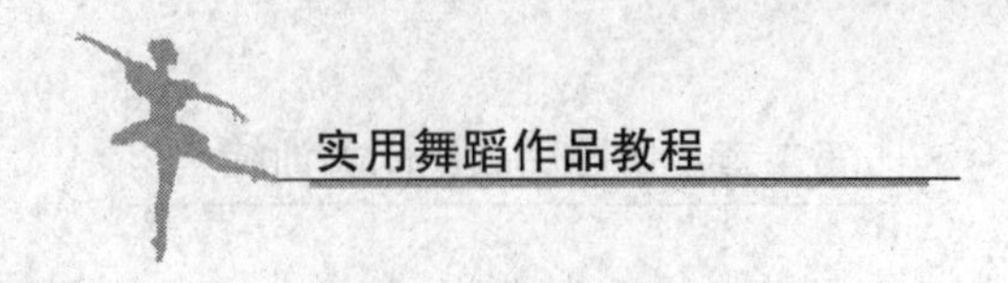

5—8 为反面。

9—16 重复第 33—34 小节动作。

⑲—⑳ 第 37—40 小节

1—8 退踏步短句，撤步时，依次向左旋转 90°，其他不变。

9—16 重复第 37—38 小节动作。

组合结束。

第三节 维族民间舞蹈

维吾尔族自古居住在中国的西北部新疆地区。那里地处古丝绸之路，古称“西域”，是中原文化、阿拉伯文化、西域本土文化的汇合点。新疆是我国最大的省区之一，有着悠久的文化传统和丰富的艺术遗产，自古以来就是我国对外交流的重要交通要塞，其物质文化艺术交流非常发达，有中国的“歌舞之乡”之称。

一、维族舞蹈种类

维吾尔族人民早期生活在我国北方的大草原上，后称之古西域(现新疆)。由草原牧骑游牧生活发展到地区的农耕生活，这种经济生活和宗教文化在维吾尔族舞蹈中留下了多重的文化印迹，使之既有历史中《胡旋》、《胡腾》的风韵，又有萨满跳神的姿态；既有外来舞种古波斯、阿拉伯舞蹈的神韵、气质，又有临近民族舞风的余味。在继承天山回鹘族乐舞和古代鄂尔浑河流域的传统基础上，又吸收古西域乐舞精华，经过历代新疆劳动人民的共同的艺术创造与长期发展、演变，形成具有多种形式和特殊风格的维吾尔族舞蹈艺术。维吾尔族民间舞蹈主要形式有赛乃姆、夏地亚纳、萨玛舞、刀郎舞、纳孜尔库姆、手鼓舞盘、子舞以及其他表演性舞蹈。

二、赛乃姆

“赛乃姆”就是一种自娱性舞蹈，不管是什么场合，只要是喜庆、欢快、值得纪念的好日子，男女老少都来跳舞，自由进场，伴随音乐，即兴发挥，同时，还可以和场外的人共同交流，邀请身边的每一个人进场一起跳舞。此舞蹈使人感到亲切，气氛和谐、融洽。人们在乐鼓声、伴唱声中翩翩起舞，直到尽兴。

1. 赛乃姆的风格特点

1）膝部连续性的微颤或变换动作前瞬间的微颤，是最为常见的动律，给人动作柔美、衔接自然的感觉。连续性微颤的动律多见于平稳节奏的表演中。

2）旋转是又一突出特点。在舞蹈中旋转快速、舞姿多样且控制得当，根据需要戛然而止。连续旋转中不断变换舞姿，则是高难度的技艺，非一般人所能掌握。

3）呼吸特点归结为屏气、快吸快呼。维族舞蹈呼吸讲究短而粗，因此气短粗而有力。

4）通常的舞步是“三步一抬”、“横垫步”、“点步”、“进退步”等。

5）动作丰富，喜欢在一组动作末添加装饰性动作，如扬眉、移颈、动目、耸肩、打响指、翻手腕。

6）舞姿造型以挺胸、立腰、昂首为基本特征。

2. 赛乃姆的音乐特点

1）赛乃姆舞蹈的音乐一般都从慢板或中板开始到欢快热烈的快板结束。

2）赛乃姆音乐常为四二拍子或四四拍子。音乐是由多首歌曲相连缀的组曲形式，曲与曲之间很少有间奏，一般都是直接相连。音乐对称、方整、平衡。既有内在的抒情性，又活泼欢乐。

3. 赛乃姆常见伴奏乐器

赛乃姆的伴奏乐器有弹拨乐、沙塔尔、都它尔、热瓦普、手鼓等。以乐器掌握舞蹈速度，其中，手鼓最常见。

4. 常见基本动作

1）垫步

准备姿态：双手自然垂肩，放于身体两侧。

第 1 拍：一小腿灵活轻巧，在流动中膝上提，双膝始终保持靠拢、主力腿找方向，动力腿随动，保持身体的平稳。

第 2 拍：另一小腿部扣脚掌支撑地面一步紧跟一步动身体的移动。保持上身立腰、挺拔、昂首为体态，形成横向流动的动感。

2）颤步

准备姿态：双手自然垂肩，放于身体两侧。

第 1 拍：一膝部规律性地连续颤动，即一步两颤一小一大。

第 2 拍：重复动作，保持体态。

维吾尔族舞蹈作品

1. 作品名称

《美丽的新疆姑娘》

2. 基本动律

颤动率：膝关节放松，平稳而规律性地连续颤动，幅度要小。重拍在下。

垫步：正步位，右脚略勾，经过后踢步向 8 点落脚，脚跟落地，以脚掌为轴向内侧下碾；左脚脚掌着地屈膝跟步，重心移至左脚，右脚重复同上动作。

3. 动作短句

三步一抬：右脚向 6 点经过后踢步旁移，左脚脚掌向 6 点垫步后跟。右脚随后向 8 点上步，左脚不变。注意步伐节奏的附点性。

4. 训练目的

通过舞蹈，使学生对维吾尔族舞蹈的风格特点有基本了解，昂首挺胸、立腰、拔背而产生的立感，高傲挺拔。膝部的颤膝及身体各部位的动作同眼神配合来传达，多变的腿部动作使腿能更灵巧自由。

5. 要点提示

做动作时，昂首挺胸，头高高昂起，立腰，挺拔而不僵，注意身体的动律，微颤而不窘，动作时上身撤开，脚步不离散。

6. 动作分解

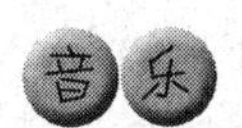

维族舞蹈作品音乐

美丽的新疆姑娘

1 = D $\frac{2}{4}$ ♩= 56

行板　　　　佚　名

（前奏）

(6 3 1 3 1 6 | 1 7 6 7 6 #5 | 6 – | 6 –) |

6 1 7 1 3 | 2· 1 7 | 0 #5 6 7 2 | 1 7 6 7 4 3 |

0 2 1 1 | 1· 2 1 7 7 7 | 0 #5 6 7 1 | 1 7 6 6 |

0 1 2 3 5 3 | 4 3 2 2 1 | 0 7 1 2 1 2 7 | 4 3 3 |

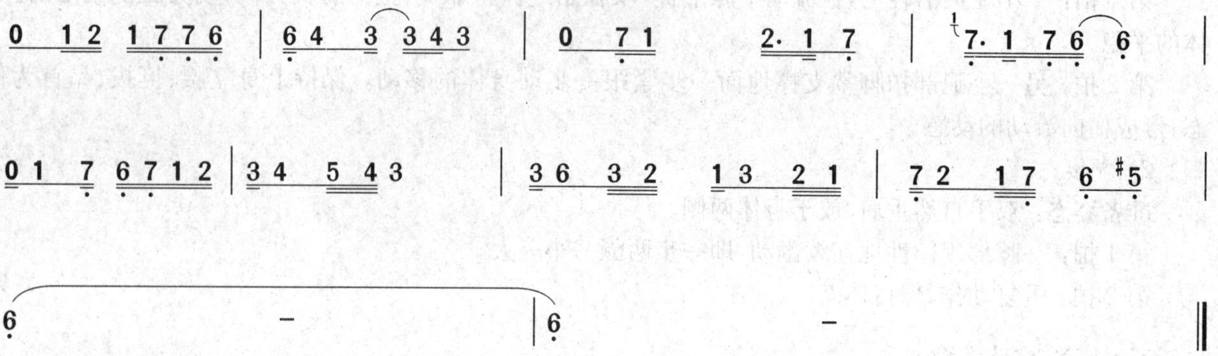

0 12 1776 | 64 3 343 | 0 71 2·17 | 7·176 6 |

01 7 6712 | 34 543 | 36 32 13 21 | 72 17 6 #5 |

6 - | 6 - ‖

造型准备：双膝屈膝向右贴地一前一后，左手立腕在耳后做托帽状，右手在三位手上立腕，头看右手手指的方向，背部直立与地面呈90°。（见动作图98）

① 第1—2小节

1—8 保持造型。

② 第3—4小节

1—8 低头含胸，双手胸前交叉后，回到开始的造型，与此同时腰、肩则向左侧冲靠，头看至左下方。

③—④ 第5—8小节

1—4 向左转身跪立，同时右手向旁划圈弯曲至下巴下，手背在上自然提腕，左手托住右手的手肘。

5—16 脖子横向移动，由左至右移动，动作的同时身体向斜前方前倾。

⑤—⑥ 第9—12小节

1—8 左脚上步大腿与小腿形成90°，右脚跪地不动，双手在额前上方击掌，双手手指交叉由下到上绕头一圈，双手屈臂于脖子，手指交叉合并，提腕，上身前倾。

9—16 在动脖子的情况下慢慢原地起身，成踏步状。

⑦ 第13—14小节

1—8 双手自然下垂，向前踏出右脚的同时颤步，左脚一样，2拍一换，4次。

⑧ 第15—16小节

1—8 2拍右脚朝左斜前点地，左脚弯曲，低头含胸时，双手推向斜前方，左手在前，右手微弯曲，呈一前一后；右脚向右侧点地，左脚立直，双手绕腕，左手至三位，右手屈臂与肩同高（见动作图99）；移重心往右侧走；右脚在前踏步，下旁腰，手位置不变；2拍一动。（见动作图100）

⑨ 第17—18小节

1—8 右起三步一抬，向1点进行，双手胸前交叉后打开绕腕至托帽式（见动作图101），左右交替各一次。

⑩ 第19—20小节

1—8 右脚在前垫步向左侧后移动，背对观众，双手在三位，向左时左手推腕右手提腕，反面重复。（见动作图102）

⑪ 第21—22小节

1—8 向右起三步一抬一次，双手在三位，向右时右手推腕左手提腕，反面重复。

⑫ 第23—24小节

1—8 小碎步向左侧移动，向右下旁腰，双手手臂胸前弯曲同时向外推出，左手向上，右手向旁推出去。

⑬ 第25—26小节

1—8 转身，向8点平转3圈；最后一拍向左踏步，双手额前击掌。

⑭ 第27—28小节

1—8 右脚向右踏步，左脚跟上，半蹲；双手手指交叉由下到上绕头一圈至脖子同高，双手屈臂，手指交叉合并，提腕，胸腰前压。（见动作图103）

⑮ 第29—30小节

1—8　动脖子，最后4拍在踏步的基础上向左转圈，同时身体向后倾靠，双手在胸前抖手慢慢打开。

⑯—⑰ 第31—34小节

1—8　右脚起三步一抬，双手经下弧线绕腕至左手在旁斜上位，右手屈臂在左肩。

8—16　重复第31—32小节。（见动作图104）

⑱—㉑ 第35—42小节

1—8　右脚后踏颤步，脚掌着地，左脚相同；双手经过摊手，左手屈臂于右腰，右手经下弧线至三位时绕腕（见动作图105）。重复4次。

9—32　重复第35—36小节的动作。

㉒ 第43—44小节

1—4　右起三步一抬，右手经上弧线至横手位，左手由围腰至横手位。

5—8　反面重复。

㉓ 第45—46小节

1—8　原地吸右腿小跳同时双手向后，右脚踩地，吸左腿转一周，同时右手贴耳，左手屈臂与肩同高，小臂由外到里划一圈；左脚踩地，双手胸前交叉，至托帽式，脚成右踏步。

㉔—㉕ 第47—50小节

1—16　重复第43—46小节。

㉖ 第51—52小节

1—4　右脚打开踩地同时重心在右脚，左脚点地，双手经由下往上，手至三位，左手至右肩。

5—8　双手叉腰向左上步并腿转一圈，右脚打开踩地，经过半蹲，左脚移至右脚后，踏步，下旁腰，左手在三位，与腰形成一条直线，右手在左肩。

组合结束。

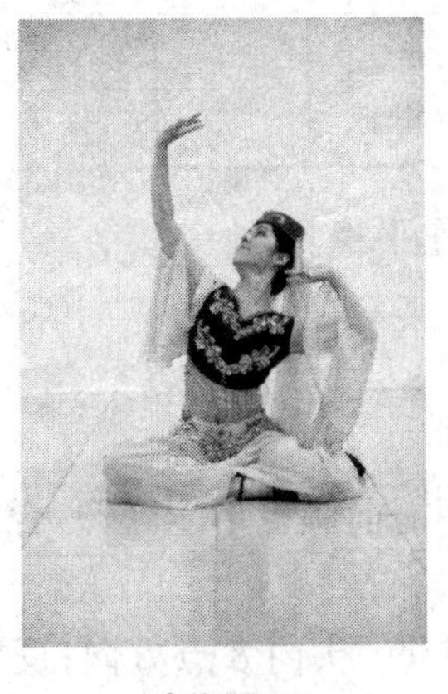

动作图98

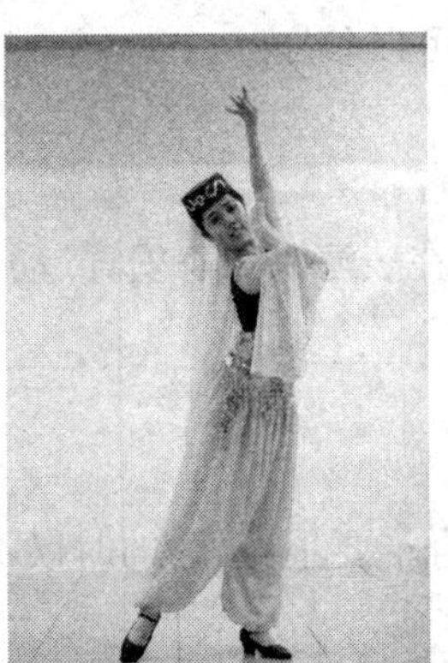

动作图99

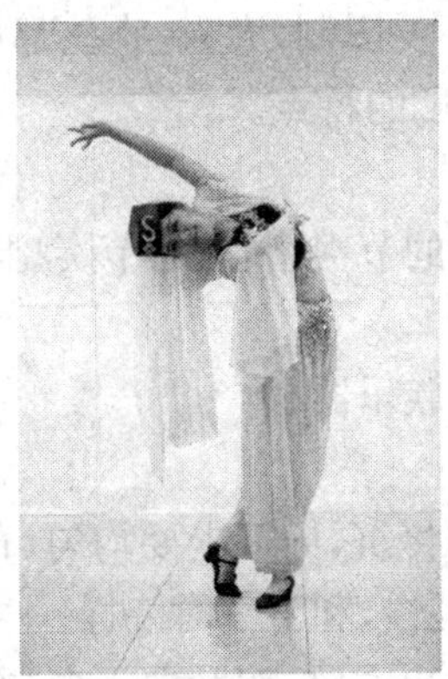

动作图100

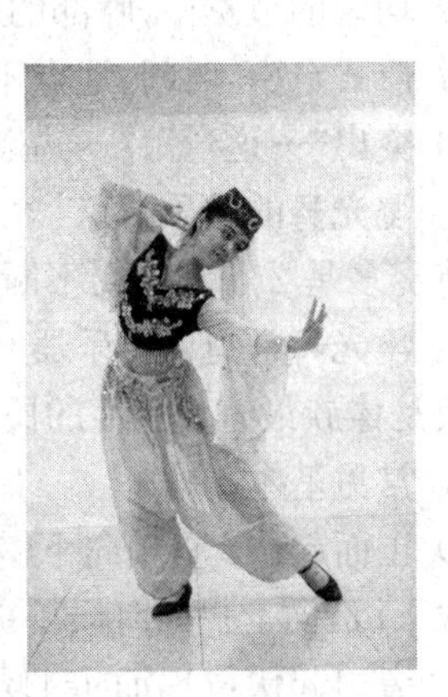

动作图101

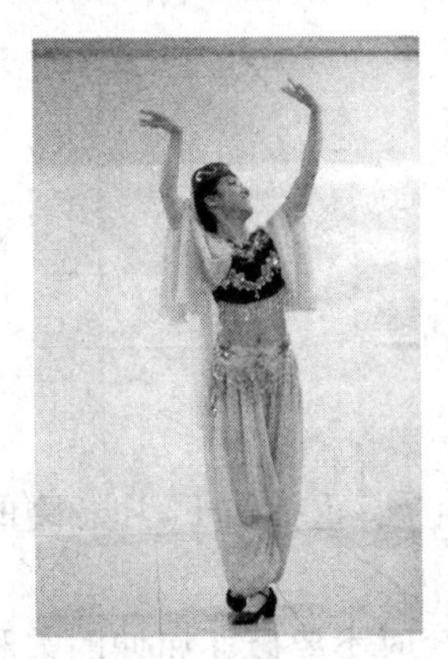

动作图102

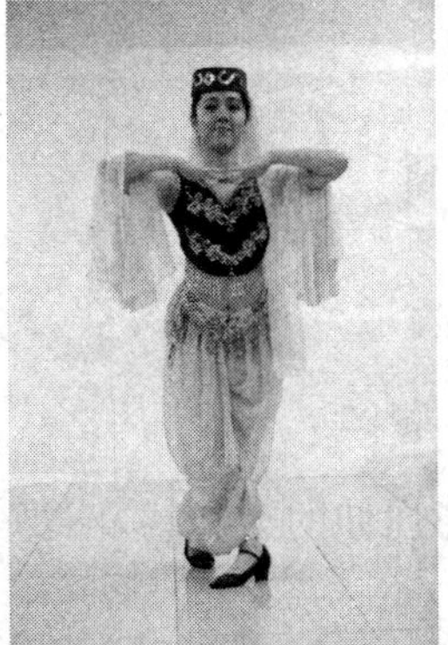

动作图103

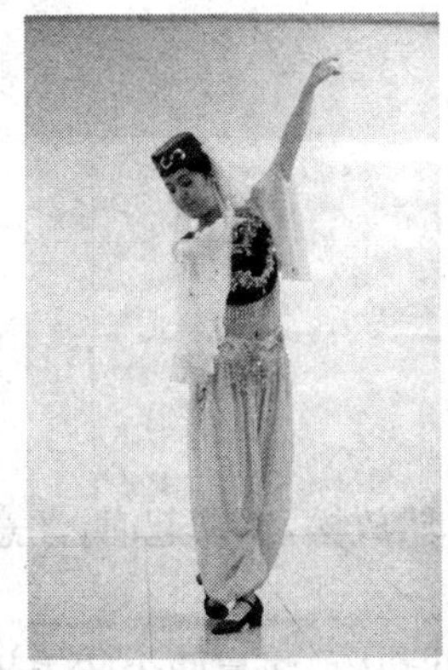

动作图104

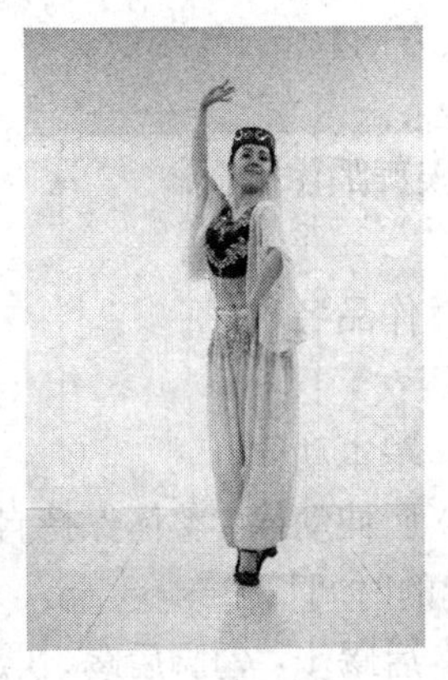

动作图105

第四节　傣族民间舞蹈

傣族是一个具有悠久历史和灿烂文化的民族，也是一个热爱自由、和平、能歌善舞的民族。他们主要聚居在被誉为我国歌舞之乡的云南省德宏傣族景颇族自治州、西双版纳傣族自治州、景谷等地。那里森林茂密、土地肥沃，物产丰富。傣族所居住的地区，不但山川秀美、江河清澈，更是花多、山多、鸟多、树多，优美的景色赋予了傣族舞蹈无尽的灵感。

一、傣族舞蹈种类

傣族舞蹈蕴藏着浓厚、神秘的民族氛围，具有浓郁的民族文化色彩和极高的文化品位。傣族舞蹈极尽东方韵致，充满着含蓄的风格，给人以朴实自然之感。傣族舞蹈的律动轻巧、优美，凝聚着东方艺术的线条美。傣族民间舞蹈十分丰富，普遍流传的主要有嘎光舞、象脚鼓舞、孔雀舞等形式。

二、嘎光舞

嘎光舞是傣族最古老、最普及的一种群众自娱性舞蹈。嘎光就是跳鼓的意思，即大家一起围在鼓旁跳的舞蹈。在风景如画的大自然环境中，人们兴致所至，徒手而舞，不分老幼，形式自由，不受环境、时间的限制。舞者合着鼓乐声自由起舞，韵律柔和。

1. 嘎光舞的风格特点

1）在动作形态上，舞者多保持半蹲的舞姿。

2）舞步的踏或踩，看似着力向下，却是重起轻落，重拍向下。

3）均匀的节奏中，膝部的屈伸带动身体上下颤动和左右轻摆。

4）形式自由，时间、地点不受限制，大人、小孩都可以参加。

5）突出“三道弯”、“一边顺”的特点。

2. 嘎光舞的音乐特点

节奏多是2/4拍连绵不断的节奏型，此种节奏型在表演时仪态安详、动作平稳。

3. 嘎光舞常见伴奏乐器

鼓是傣族最有代表性的民族乐器。

4. 常见基本动作

1）正面起伏：重拍向下慢慢沉，向下走要均匀，脊椎要垂直，蹲的时候不能前倾也不能后仰，脊椎对着脚后跟下沉，向上提的时候要缓慢，和下垂时一样。

2）旁边起伏：下沉的时候出右胯，双膝向下弯，右脚为主力腿，上身向1点，头向8点方向；反方向动作，出左胯，左腿是主力腿，重心都在左腿上，出胯的时候上身不能前倾或后仰，保持直立，上身向1点，头向2点方向。

傣族舞蹈作品

1. 作品名称

《傣女》

2. 基本动律

① 屈伸动律：整体保持自然放松，在蹲起时，注意屈伸的柔和感，不要生硬，重拍在下，注意蹲的时间要比起的时间长。

② 后踢步：勾脚后踢，快起快落，注意两个膝盖相对的并拢，与屈伸配合时不要破坏屈伸的柔和。重拍在下，弱拍时踢。

③ 摆胯：以胯为发力点，由上至下划一个半圆，同时注意上身的配合，跟随胯自然地摆动。

④ 推手：双手握拳，以虎口为发力点，向前方向推，双手内旋，在腋下变掌，向下方向推手，注意胳膊不要推直。

3. 动作短句

① 踢步推手转圈接舞姿造型：脚下踢步摆胯，双手在五位的位置上推手，上身向内回旋，右脚开始走一小圈，第七步时，回正步，接舞姿造型。

② 拖步穿手：右脚向2点上步，第一步时，上身稍稍后倾，重心向2点推出，注意稍拖节奏，第二步时垫步加快，第三步下蹲接造型。手的速度同脚一样。

③ 转身三步一点：向后边踢步，边转身，三步走完一圈，第四步旁点地。手由下至上盘收，收回造型。

4. 训练目的

通过该舞蹈作品，使学生对傣族舞蹈的风格特点有一个初步的了解，通过三道弯的训练，使学生对关节运用方式与舞姿造型的控制能力有较大幅度的提高。进而使学生对舞蹈的表现力、柔中带刚的发力方式、三道弯的造型美感，有一个新的认识。

5. 要点提示

要注意傣族舞蹈在表现上，应该追寻刚中有柔、柔中带刚。在舞姿造型上，要注意对关节的运用和控制，在美的基础上，达到对关节最大幅度的运用。

6. 动作分解

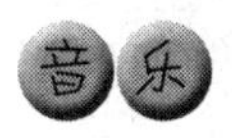

傣族舞蹈作品音乐

傣　女

1 = ♭E $\frac{2}{4}$ ♩= 56

行板

李沧桑　曲

（前奏）

(6 2 1 2 | 3 5 2 3 | 2 1 6 2 | 3 5 3 2) :‖ 2 3· 3 | 1 1 1 6 | 6 – | 1 6 1 3 5· |

5 – | 3 1 1 6 | 6 – | 3 1 1 3 | 3 1 1 1 i | 6 5 1 3 | 3 1 5 3 | 3 2 1 2 | 5 1 1 i |

6 5 1 3 | 5 5 1 1 i | 5 1 1 | i· 6 i i 6 | i i 6 5 | i· 6 i· 6 | i i 6 5 |

‖: 1· 1 1 6 | 5·5 5 3 | 6 3 5 6·5 | 1 6 1 1·3 | 2 1 6 1 :‖ 6 2 1 2 | 3 5 2 3 |

2 1 6 2 | 3 5 3 2 | 6 2 1 2 | 3 5 2 3 | 3 1 1 1 i | 6 5 1 3 | 3 1 5 3 | 3 2 1 2 |

5 1 1 i ‖: 6 5 1 3 | 5 5 1 1 i | 5 1 1 | 1·1 1 6 | 5·5 5 3 | 6 3 5 6·5 |[1. 1 6 1 1·3 |

2 1 6 1 :‖[2. 1 6 1 1·3 | 2 i 6 i ‖

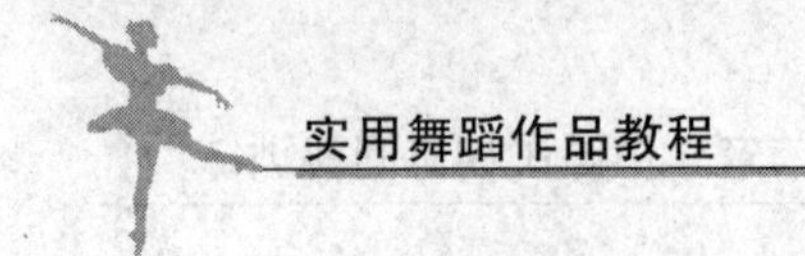

① 第 1—2 小节

1—4　准备造型 1：脚下为旁点地，左手握住右手肘部，上身向左，右手向右拉伸。（见动作图 106）

5—8　造型 2：右手在前，左手在胯部，双手立掌，双膝伸直，后背与地面平行。（见动作图 107）

② 第 3—4 小节

1—4　膝部发力，经过含胸回手，上身推起，双手合掌至头顶。

5—8　左脚开始踢步摆胯，2 次。

③ 第 5—6 小节

1—4　左脚开始踢步摆胯，4 次，双手抖手，肘部带动含胸收回。

5—8　左脚后撤变成踏步，左手平穿手带动转身，经过右手到左手由上至下地穿手到达旁点地造型。

④ 第 7—8 小节

1—6　舞姿不变，第 6 拍，右脚右手同时收回，向外旋转变成旁点地造型。（见动作图 108）

7—8　右脚后撤，到达左脚勾脚旁点地，右脚上步双手穿手，并为正步。

⑤ 第 9—10 小节

1—6　手臂以肘关节为中心向上，腕关节指尖划 S 型，由下经过旁到三位手，到达造型。（见动作图 109）

7—8　双手快速下甩，背肩同时快速下胸腰。经过穿手回身到造型。

⑥ 第 11—12 小节

1—4　左脚开始面向 5 点，三步一点。一手提裙，一手自然摆动。

5—8　反面重复 1—4 拍。

⑦ 第 13—14 小节

1—4　经过双手下穿，到六位手，同时向前兜一小圈回到 5 点。

5—8　胯部发力摆动，经过穿手到达造型。

⑧ 第 15—16 小节

1—4　转身掏手，右脚踏步在前。以头为发力点，带动身体由下至上划一个最大的圆，到达造型，右手三位，左手一位。（见动作图 110）

5—8　再次重复路线，回到前奏中的准备造型 2 上。掏手移重心，做 3 次。

⑨ 第 17—18 小节

1—6　向左踢步推手转圈，做 6 次。

7—8　接舞姿造型旁点地。

9—10　右脚开始依次向 7 点上步，第三步面对 5 点回到旁点地造型，过程中配合穿手。

⑩ 第 19—20 小节

1—6　原地保持造型点转，做 6 次。

7—10　加速点转，在一点定住后，接五位手后抬腿造型。

⑪ 第 21—22 小节

1—12　拖步穿手向前到达高舞姿造型(见动作图 111)，向后到达低舞姿造型。（见动作图 112）
右脚开始，2 拍 1 次。向前 2 次，后撤 2 次，再向右一次之后，转身穿手到达造型。

⑫ 第 23—24 小节

1—4　最大幅度地摆胯踢步，同时配合一位的推手，向 2 点方向，做 2 次。

5—8　3 次小幅度的快速踢步摆胯推手，经过旁腰的外推向上划圆到达造型。

⑬ 第 25—26 小节

1—8　右脚踢步开始，向后转身三步一点。做 2 次。

⑭ 第 27—28 小节

1—4　向右拖步穿手到高舞姿造型，向左重复一次。

5—6　右脚向 7 点一次上步，到达舞姿造型。（见动作图 113）

7—8　经过胯部肘部，腕部的三次推手，到达造型。

9—10　经过蹲到勾脚旁点地，双手开口式。

⑮ 第 29—30 小节

1—10　面向 5 点开始，重复一次第 27—28 小节的动作。造型结束。

组合结束。

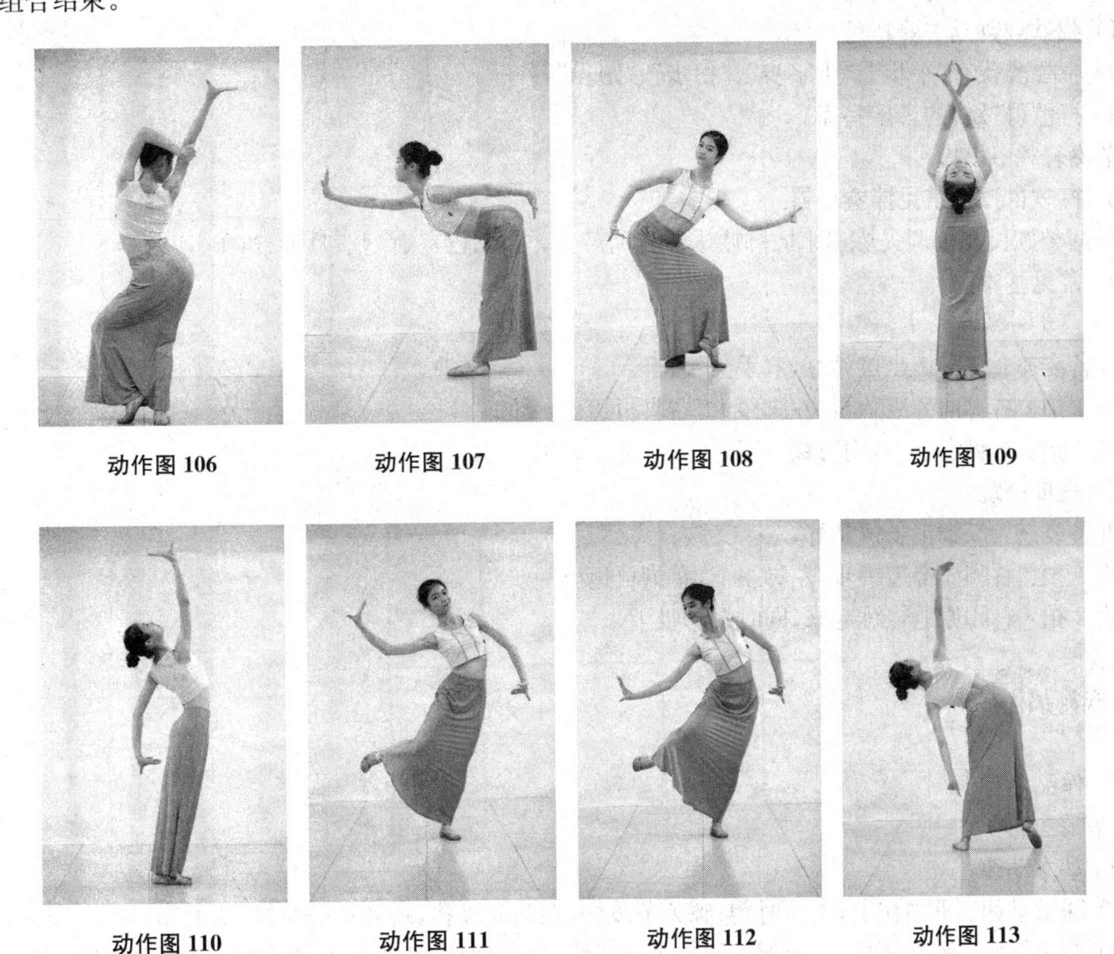

动作图 106　动作图 107　动作图 108　动作图 109

动作图 110　动作图 111　动作图 112　动作图 113

第五节　彝族民间舞蹈

彝族，是中国古老的民族之一，具有悠久的历史，丰富的文化。主要分布在云南、四川、贵州三省和广西壮族自治区的西北部。有诺苏、纳苏、罗武、米撒泼、撒尼、阿西等不同自称。彝族自古以来就是一个崇虎、畏虎、敬虎、祭虎的民族，彝族先民不仅以虎为祖先，以虎为象征，以虎为自称，而且还认为在危难时刻会得到“虎”的庇佑。舞蹈艺术形式多种多样，内容丰富。

一、彝族舞蹈种类

彝族是一个能歌善舞的民族，他们在长期的生产生活实践中所创造的彝族民间舞蹈，融民族性与地域性、群体性为一体，具有很强的表演性与观赏性。彝族舞蹈内容完整、系统，具有很强的民族特色。彝族人民勤劳聪明、正直开朗、热情奔放，用他们的智慧和对生产、生活、社会、自然的理解与热爱来表达内心的热情和需要，才创造出了如此富有魅力的、丰富多彩的彝族舞蹈艺术。典型的彝族舞蹈有“打歌”、“披毡舞”、“罗作”、“阿细跳月”等。

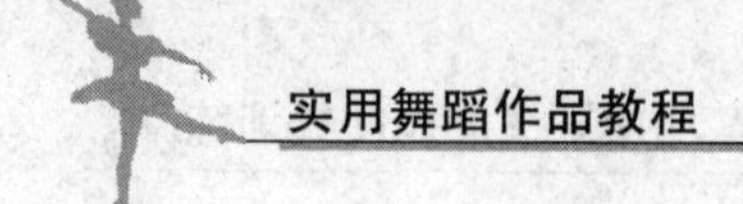

二、打歌（打跳）

打歌又叫"打跳"，是彝族地区最受欢迎、最普及的一种民间舞蹈，包括"打跳"、"跳脚"、"左脚舞"、"跳歌"、"跌腿"、"跳月"（即"跳乐"）等圆圈舞；每当节日和喜庆之时，人们挽手围圈，载歌载舞或随乐而舞，舞蹈始终以下肢动作为主。

1. 打歌（打跳）的风格特点

1）载歌载舞是主要特色。

2）主要步伐有"平步"、"十字步"、"拐步"、"踏步"等。

2. 打歌（打跳）的音乐特点

节奏轻松、明快。

3. 打歌（打跳）常见伴奏乐器

根据彝族民间曲调提炼出来的彝族乐器有葫芦笙、马布、巴乌、口弦、月琴、笛子、四弦琴等。

4. 常见基本动作

1）三步一跺

准备姿态：双脚正步位站好，双手叉腰；

第1拍：右脚向旁迈一步，左脚跟上，右脚再迈出一步；

第2拍：左脚靠上去，用力跺一下。

2）三步一跳

准备姿态：双脚正步位站好，双手叉腰；

第1拍：右脚向旁迈一步，左脚跟上，右脚再迈出一步；

第2拍：右脚原地轻跳起来，同时左脚吸上来。

彝族舞蹈作品

1. 作品名称

《五彩云霞》

2. 基本动律

1）踩桥动律：重拍在上，弱拍时蹲，膝关节放松，在蹲时吸腿，蹲和踩的时候，要柔和，双腿同弯同直。

2）拍手摆胯：胯部放松，由上至下划一个下弧线，自然地摆动，重拍在两边的最高点。双手手心相合击掌，配合胯的摆动。

3）风点头：手腕发力，右手由下至三位甩出，左手后背。右腿推地跳起，左腿屈膝，脚腕吸在小腿部位。

4）风摆柳：右手盖手，左手后背，左腿吸腿跳起，胯由左至右摆动，跳的幅度不宜过大。

3. 动作短句

1）踩桥盖手：脚下为踩桥动律，右手手心朝上，胳膊由下至上，在七位时小臂划圆，向下盖手，左手同时后背。

2）踩桥撩手：脚下为踩桥动律，双手以肘为点，带动手臂至胸前，双手向外撩出。

3）拍手短句：① 在拍手摆胯的基础上，以胯和肘为发力点，由下至上摆动到最高点，到右膝伸直，左腿后屈，双手在拍手后自然分开的造型。② 双手由上至下立掌拍手，左脚后撤，右脚屈膝。③ 双手由下至上立掌拍手到双手手心朝上托起。右脚旁撤，左脚屈膝。④ 同②一致。

4）老将拔刀：左脚发力推地跳起的同时，右腿由右至左盖腿至8点，左手从右手内侧掏出。右脚发力向8点跳起，右手在上，风点头。左脚后撤，接2次风摆柳。

4. 训练目的

通过该作品的学习，让学生对彝族舞蹈有一个初步的认识，通过动作的训练和表现力的培养，以及相关背景的介绍，使学生对云南地区小民族的文化、信仰以及习俗有更深的了解，进一步感受其民俗民风，使舞者在表演时更能体现作品内涵。

5. 要点提示

踩桥时要注意膝关节在控制上的柔韧性，感觉像踩在云上一样。在拍手摆胯时要注意手和胯的一致性。

6. 动作分解

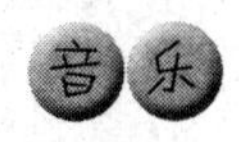

彝族舞蹈作品音乐

五彩云霞[①]

1 = G 4/4 ♩= 96

中板

佚　名

（前奏）

（6 6 632 6 | 6 6 632 6 | 6·5 6 6·5 6 | 6·5 6 6·5 6）| 666 6 353 2 |

666 31 656 2 | 6·3 53 231 2 | 6·6 31 656 2 | 6 6 632 6 |

632 6·i 632 6 | 6 – – – | 666 6 353 2 | 666 6 353 2 | 6·3 53 231 2 |

6·6 32 656 2 | 632 6·i 632 6 | 632 6·i 632 6 | 6 6 632 6 |

1 = F

632 6 – – | 612 623 665 3 | 6321 321 665 3 | 312 512 665 3 |

1 = G

632 6·i 632 6 | 632 6·1 632 6 | 6 6 6 6 | 6 X X X | X X X X |

♩= 192

65 36 665 33 | 65 37 665 33 | 65 36 65 33 | 65 37 665 33 |

2·2 62 665 33 | 2·2 65 665 33 | 22 62 665 33 | 22 65 665 33 |

65 33 XXX XX | 65 33 XXX XX | 665 32 332 66 | 665 32 332 66 |

332 66 332 66 | 6 – – – ‖

① 选自《东方神韵系列·云之南》第七首《跳弦》。

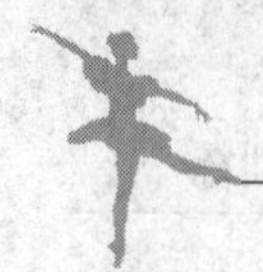

准备动作：面对5点正步站好，胸腰后下，双手相合右手在上。
① 第1—2小节
1—8 保持造型。
② 第3—4小节
1—8 转身右脚在前踏步，拍手摆胯，由上至下慢慢下蹲，做8次。
③ 第5—6小节
1—4 拍手短句。（见动作图114、图115）
5—8 拍手摆胯4次。
④ 第7—8小节
1—8 转身面向5点原地屈伸加撩手，做4次。（见动作图116）
⑤ 第9—10小节
1—4 右腿吸腿站立，左手在上，凤点头。
5—12 左脚开始，踩桥盖手4次。（见动作图117）
⑥ 第11—12小节
1—4 左脚旁撤下蹲，双手从下到手交叉划圆拍腿。右脚向旁上步立起，左手三位，右手七位，向右抹开。（见动作图118）
5—8 面向5点踩桥撩手，转身面向1点踩桥撩手。
⑦ 第13—14小节
1—8 向反方向重复第11—12小节。
⑧ 第15—16小节
1—4 原地撩手重心后倒，碎步向6点移动。
5—8 原地撩手重心后倒，碎步向4点移动。
⑨ 第15—16小节
1—8 面对1点，向后踩桥撩手，做4次。
⑩ 第17—18小节
1—8 右脚向2点上步立起，双手打开，右手三位，左手七位（见动作图119）。左脚后撤，右脚吸腿收回，双手拍腿。右脚向2点上步立起，双手打开，右手三位，左手七位。左脚右脚依次向8点上步，含胸收手，接反面。
⑪ 第19—20小节
1—8 反方向重复第17—18小节动作。
⑫ 第21—22小节
1—8 右脚向4点后撤，由上至下下蹲，双手拍手。反面相同，做4次。
⑬ 第23—24小节
1—4 拍手短句。
5—8 转身向5点重复一次，转身定格在第一拍的造型上。
⑭ 第25—28小节
1—8 凤点头，向后兜一大圈。做8次。（见动作图120）
⑮ 第29—32小节
1—8 风摆柳，回到原来的位置。做8次。（见动作图121）
⑯ 第33—36小节
1—8 老将拔刀，重复2次。
⑰ 第37—38小节
1—4 拍手短句。
5—8 向后跑回，定格造型。
组合结束。

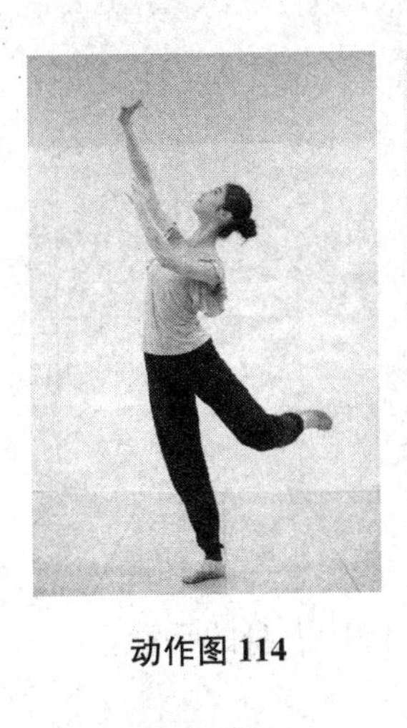
动作图 114

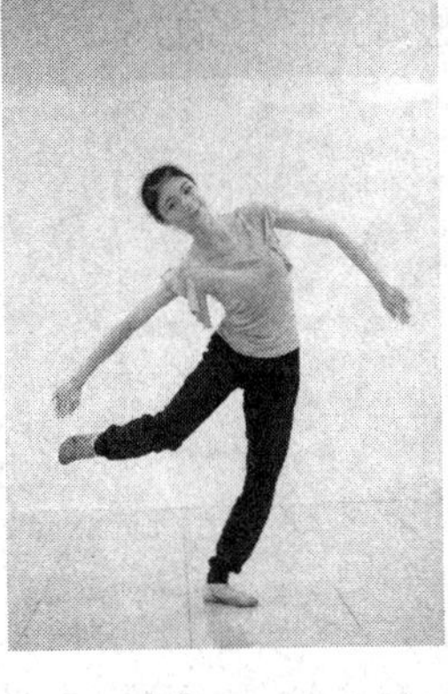
动作图 115

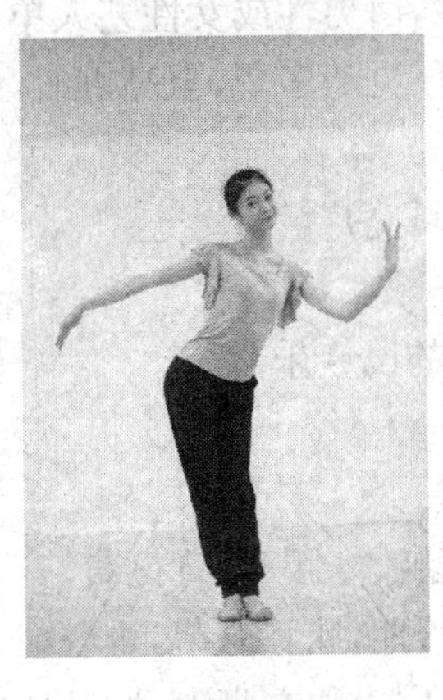
动作图 116

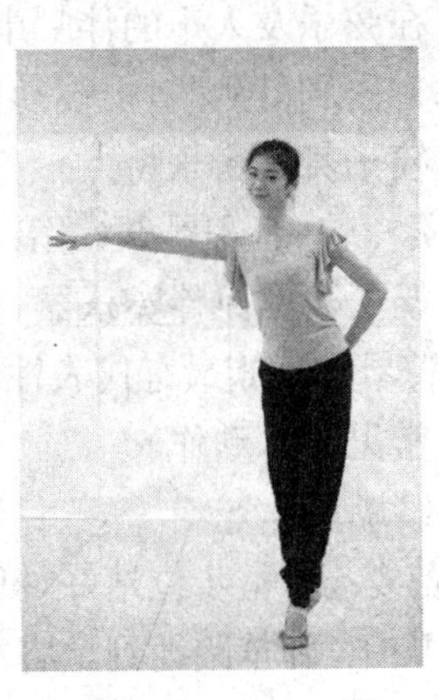
动作图 117

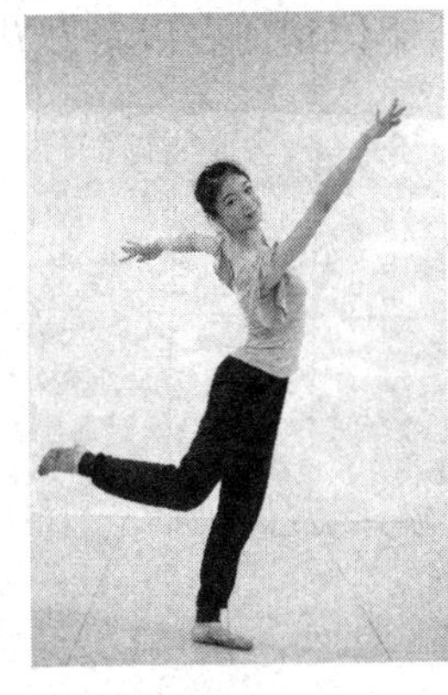
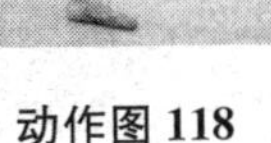
动作图 118

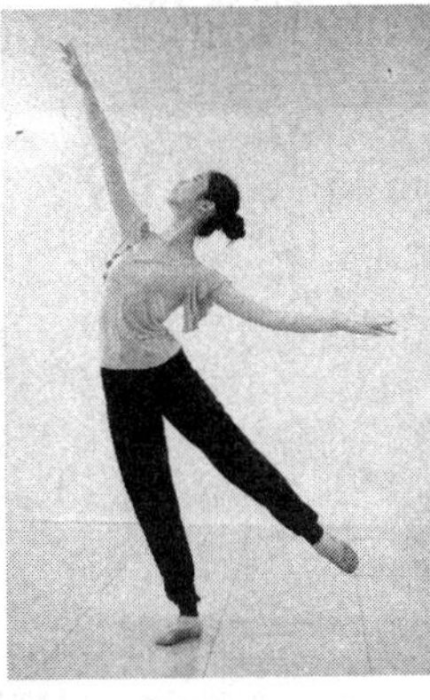
动作图 119

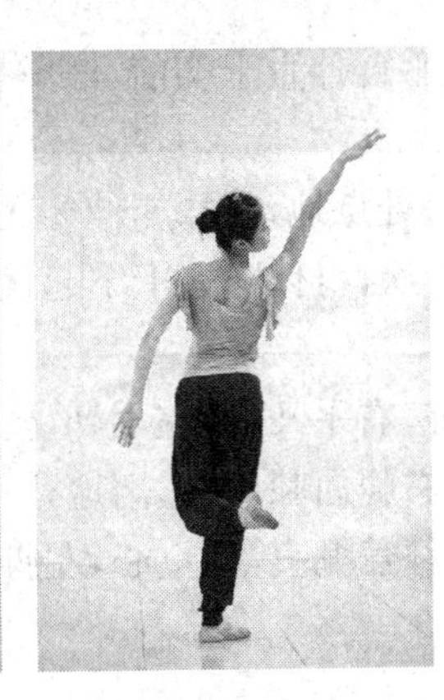
动作图 120

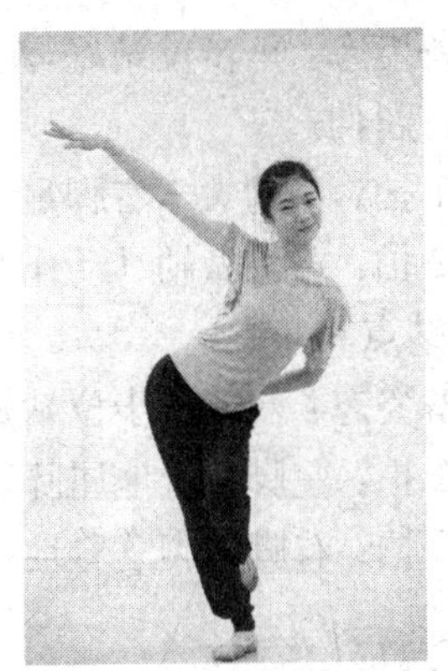
动作图 121

第六节　蒙族民间舞蹈

蒙古民族世代生活在辽阔的草原上，由于地理的原因，生活方式大多是游牧狩猎。主要分布在内蒙古自治区、东北三省等地。人口众多，世代逐水草而居住，创造了灿烂又古老的草原文化。蒙族人喜爱翱翔在天空的雄鹰与大雁，喜欢骑着骏马驰骋。古老的草原文化培养了蒙古人豪迈、热情、勇敢的性格特征。

一、蒙族舞蹈种类

蒙族舞蹈历史悠久、传统深厚，早在距今四五千年的新石器时代就有了各种各样的蒙古族舞蹈姿态。蒙族人善于用舞蹈淋漓尽致地表现生活，表达牧人内心情感。他们的舞蹈热情、粗犷、豪放。大致可以分成三种：表演性舞蹈、宗教祭祀性舞蹈、自娱自乐性舞蹈。其中，有代表性的有筷子舞、顶碗舞、安代舞等。

二、筷子舞

筷子舞是表演性道具舞蹈，流行于内蒙古伊克昭盟地区。筷子舞是婚庆、喜庆欢乐节日时表演的，是单独表演的形式。舞者用筷子敲击身体各部位，如肩部、腰部、腿部等处，技巧性较强。筷子舞舞步轻捷、节奏明快，造型稳重端庄，在一扬鞭、一挥手、一跃动瞬息舞蹈动作变化中，洋溢着蒙古人的勇敢、纯朴的性格，表达了他们豪放英武的气质，具有强烈的民族特色。

1. 筷子舞的风格特点

1）造型端庄稳重，动作自由、新颖、变化多样。

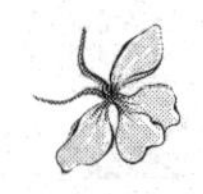

2）在弦乐及人声的伴唱中，由男性或女性艺人单独表演的舞蹈形式。

3）舞姿利落洒脱，击筷动作灵巧多变，至高潮时，边舞边呼号助兴。

2. 筷子舞的音乐特点

节奏欢快，音程跳跃大，音域宽广。

3. 筷子舞常见伴奏乐器

马头琴是蒙族最有代表性的民族乐器。

4. 常见基本动作

1）踏踮步

准备姿态：正步位站好，挺胸、立腰、后背挺直。

第1拍：脚掌踏地到全脚落地，屈膝微蹲，重心在下；

第2拍：后脚以脚掌着地，主力腿左脚随动，动作要有弹性、不可僵硬，并保持上身的平稳。

2）马步

准备姿态：正步位站好，左手臂伸直于胸前，握虚拳，虎口朝里，右手叉腰，躯体稍向右后斜方靠，然后双腕交替屈伸。

第1拍：左脚尖于右脚足弓处点地，右膝屈伸2次；

第2拍：左手做勒马动作2次，身体随之上下起伏。

3）踏点马步

准备姿态：双腿正步位站好，右手叉腰，左手勒马。

第1拍：左脚掌着地屈膝，右腿屈膝，脚掌离地；

第2拍：右脚前脚掌着地，膝盖绷直，提重心，左脚离地。

蒙族舞蹈作品

1. 作品名称

《草原情怀》

2. 训练目的

全面掌握蒙族舞蹈的动态特征，强化对肩、臂、腕的训练。作品中加入道具筷子，目的是使学生进一步感受及体会蒙族舞蹈浑厚、舒展、豪迈的特点，基本掌握蒙族舞蹈的动作风格。

3. 基本动作

提压腕、柔臂、软手、硬腕、转。

4. 动作分解

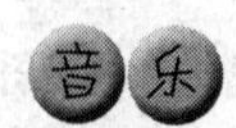

蒙族舞蹈作品音乐

草原情怀

1 = ♭B 2/4 ♩= 46

中板

贺西格　曲

（前奏）

（6· 3 5 i 7 | 4· 3 6 i 7 | 2·3 4 i 6 | 3·3 #5 6 7 7 i 2）|

*

|: 6· 3 2 | 6· 2 1 | 6· 2 | 3 – |

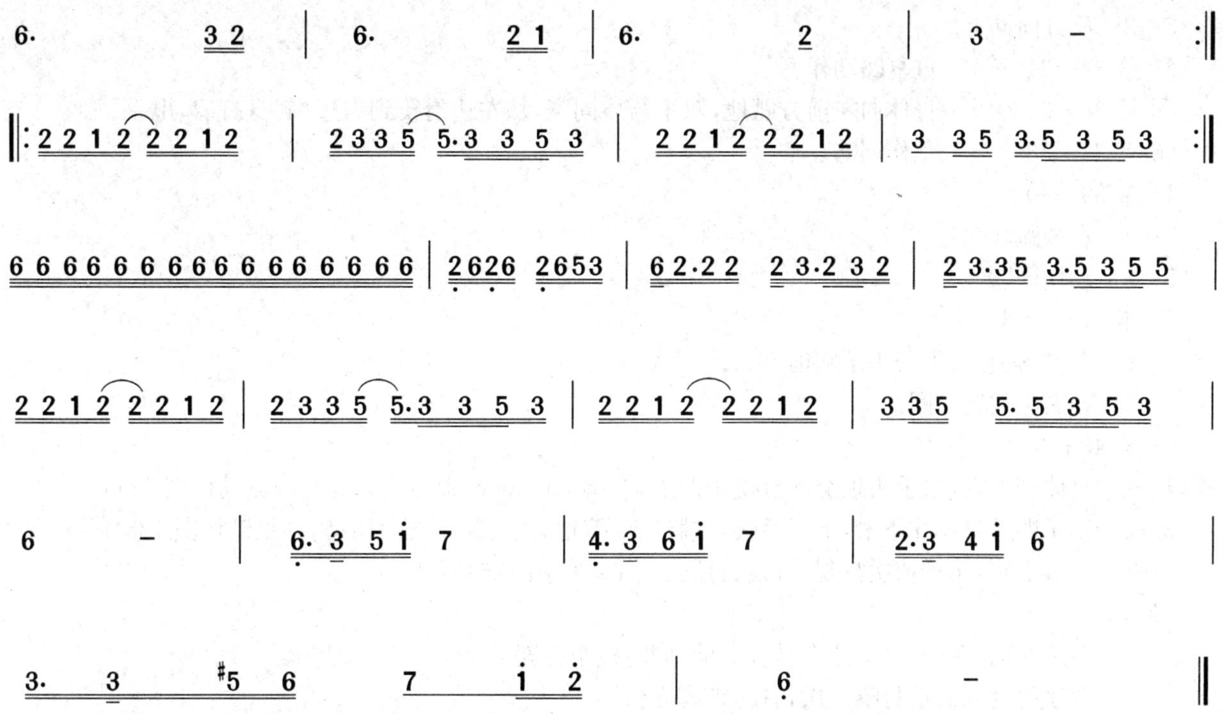

6· 32 | 6· 21 | 6· 2 | 3 – :‖

‖: 2212 2212 | 2335 5·3 353 | 2212 2212 | 3 35 3·5 353 :‖

6666666666666666 | 2626 2653 | 62·22 23·232 | 23·35 3·5355 |

2212 2212 | 2335 5·3 353 | 2212 2212 | 335 5·5353 |

6 – | 6·35 1̇ 7 | 4·36 1̇ 7 | 2·34 1̇ 6 |

3· 3 #5 6 7 1̇ 2̇ | 6̣ – ‖

* 此段重复三遍，第一、三遍按原谱演奏，第二遍高八度演奏。

准备姿态：左勒马手，右手虚拳单指扬鞭手，正步位半蹲，上身向右拧转朝向3点。（见动作图122）

① 第1—2小节

1—4　右脚向前一步，双屈膝，两手架起于胸前做两次软手动作。

5—8　左脚向前一步，动作不变。

② 第3—4小节

1—4　右脚向右边迈步，双脚距离与肩同宽，小臂与大臂先后形成45°，90°夹角做柔臂。

5—8　身体重心移向右腿，右手朝3点，左手朝上做提腕动作，收左脚，踮脚，右手朝上，左手朝6点做提腕动作。

③—④ 第5—8小节　同①、②，做反面动作。

⑤ 第9—10小节　左脚向前朝3点迈步做移动屈伸踏点步，双手与肩同宽垂至与身体形成45°夹角，做柔臂动作4次。

⑥ 第11—12小节　继续踏点步，转圈，双手柔臂从下到上画半弧。

⑦—⑧ 第13—16小节　同⑤、⑥，反面动作。

⑨ 第17—18小节　先右脚后左脚做后点步，双手侧平举做提压腕。

⑩ 第19—20小节　左手盖手到胸前，右手侧平举，做提压腕，右脚踏点步朝左方向转一周。

⑪ 第21—22小节　重复⑨动作，先左脚后右脚。

⑫ 第23—24小节　右手右斜上位，左手左斜下位，双手与身体形成一条斜线，右脚踮脚，左脚抬起与右腿形成45°夹角。

⑬ 第25—26小节　左脚落前，右手盖手至于胸前，朝右转一周到一点，双手斜上位立起，迅速跪地拿筷子。

⑭ 第27—28小节

1—4　双手交替打地3下（右左右），甩手朝右斜上位。（见动作图123）

5—8　反方向同上。

⑮ 第29—30小节　重复⑭动作。

⑯ 第31—32小节

1—4　身体向右前方趴地，先打地一下，接身体靠向左后方打肩一下，往上甩手一次。

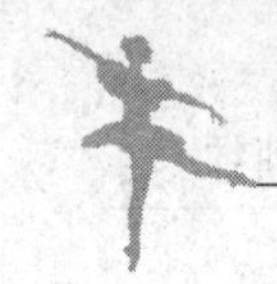

5—8　反方向同上。

⑰ 第 33—34 小节　重复⑯动作。

⑱ 第 35—36 小节　身体向左前方趴地，双手与肩同宽，从左边滑筷到右边，起身打肩，甩手。

⑲ 第 37—38 小节　动作同⑱。

⑳ 第 39—40 小节

1—4　右脚跪转起身。

5—8　动作同⑱。

㉑ 第 41—42 小节

1—4　左脚落前，右手盖手于胸前。

5—8　朝右方向转一圈。

㉒ 第 43—44 小节

1—2　身体朝 2 点，双手头顶交叉打筷子两下，左脚 Attitude(鹤立式舞姿)。(见动作图 124)

3—4　筷子顺着身体往下滑，下旁后腰，左脚向前擦地，主力腿(右腿)稍蹲。(见动作图 125)

5—8　右脚上步，筷子依次打腿、打筷、打腿。(见动作图 126)

㉓ 第 45—46 小节

1—4　右脚在前，左脚在后，两个马步向前，同时筷子打腿 2 次。

5—8　双手拎起到头顶打筷一次，右脚踮脚立住。

㉔ 第 47—48 小节　同㉔，做背面动作。

㉕—㉘ 第 49—56 小节　变身转，双手头顶交叉、斜下位。单腿立蹲，身体伸展向左斜前趴结束动作。

结束动作(3 个)：① 组合准备姿态。② 左脚后踏步位，左手上位，右手侧平位，提腕，头朝 8 点微抬。(见动作图 127)③ 单腿立蹲，双勒马手。(见动作图 128)

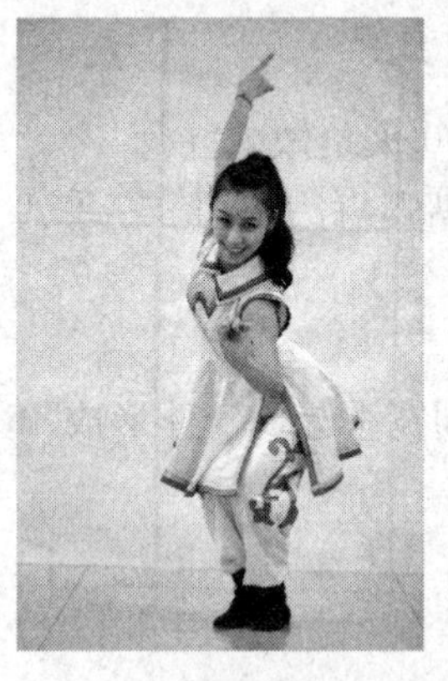

动作图 122

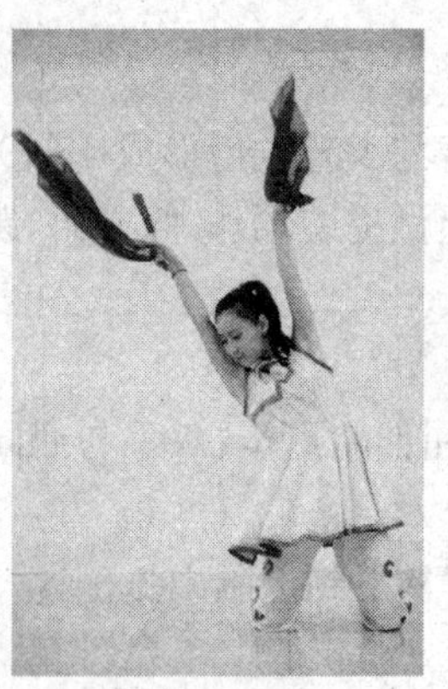

动作图 123

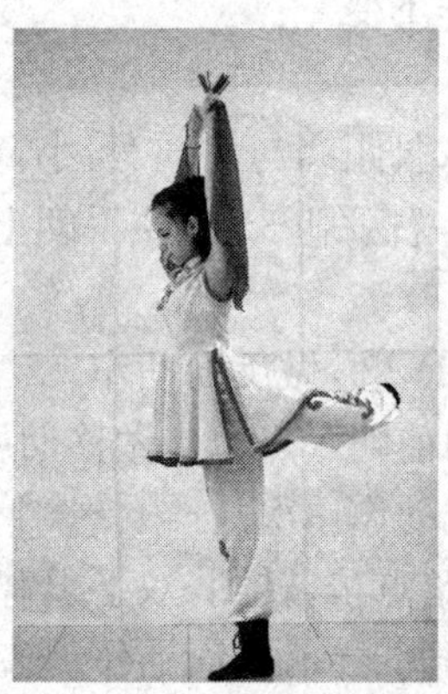

动作图 124

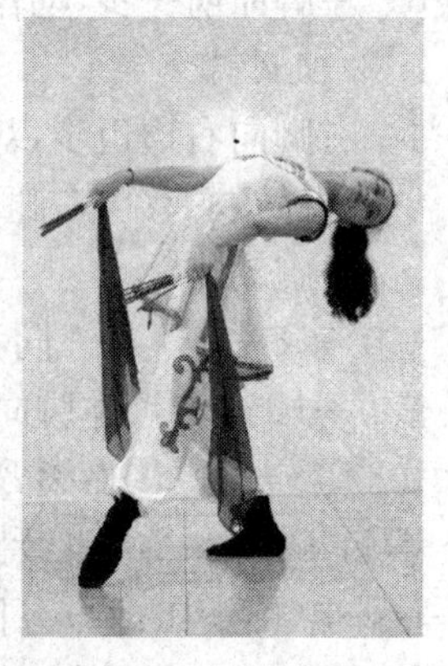

动作图 125

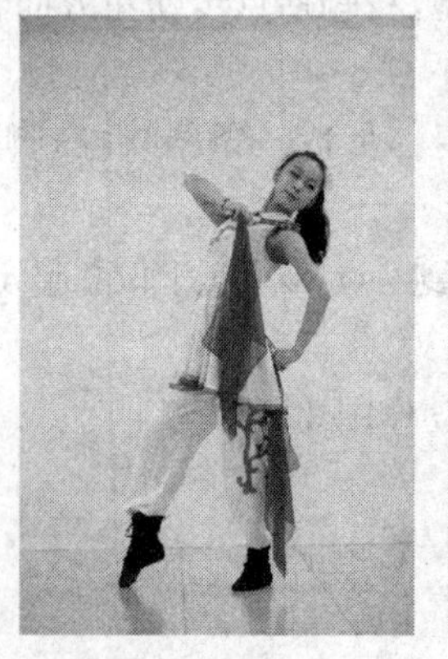

动作图 126

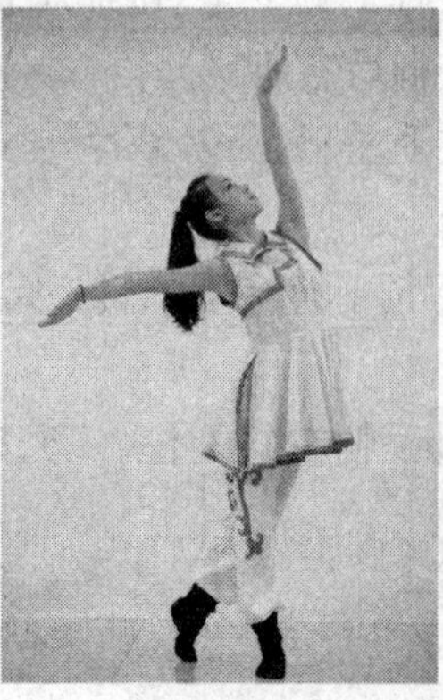

动作图 127

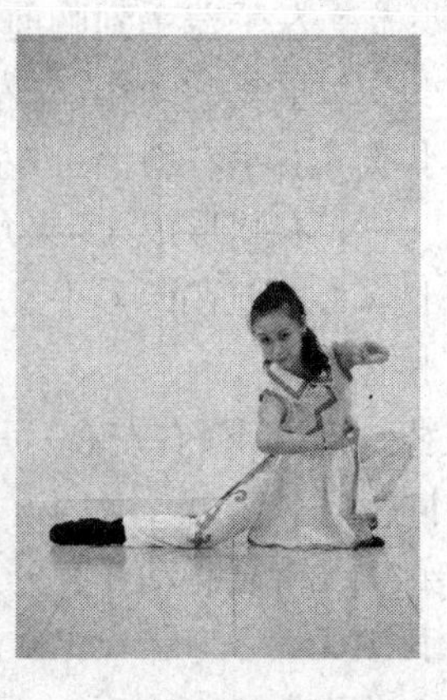

动作图 128

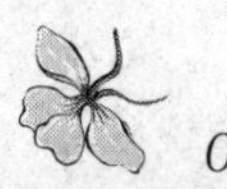

第三篇

流行舞蹈

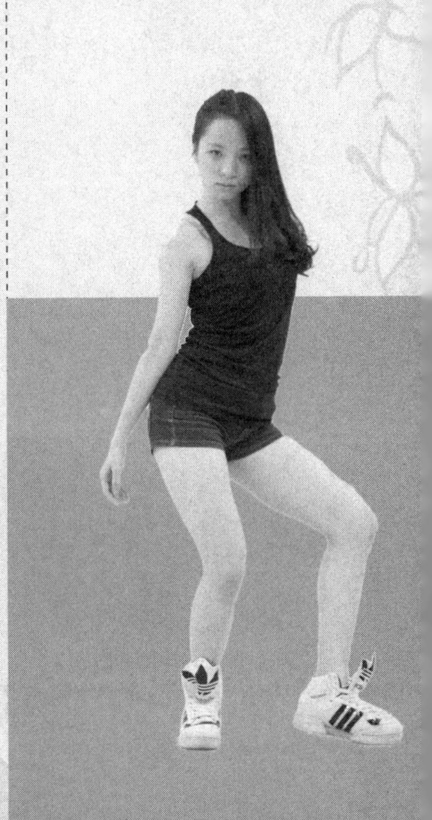

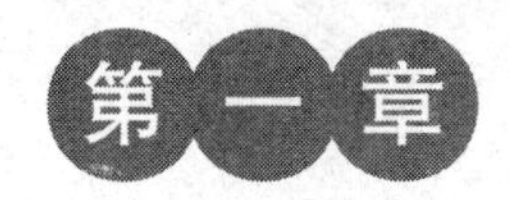

流行舞蹈概述

英国音乐学家柯伯特·劳埃德认为:“在整个音乐艺术领域中,民间音乐与艺术音乐之间有着一个广阔的地带,流行音乐便盘踞在这里。流行音乐并没有明确的边界,其一端伸向民间音乐,另一端伸向艺术音乐。”借用劳埃德对流行音乐的理解,流行舞蹈其实就像流行音乐一样,其一端伸向民间舞蹈,另一端伸向艺术舞蹈。不同的角度有着各种不同的分类方法。流行舞蹈是现代生活中人民群众广泛参与的一种舞蹈文化活动,由于其广泛性与普及性,这种舞蹈形式越来越受到人们的喜爱。流行舞蹈是人们对精神文化生活的一种追求,也是走在时尚前沿的标志。当代社会人们生活不仅仅是为了生存,而是追求更高的精神层面的幸福生活。所以,流行舞不仅为年轻人广泛接受,还被越来越多的老幼妇孺所喜爱和推崇,成为人们生活中不可或缺的一部分。流行舞蹈包括爵士舞、迪斯科、街舞、霹雳舞、劲舞,等等。

一、 流行舞蹈的特性

1. 随意性

流行舞蹈的表演形式多样,随意性很强。不受场地、时间的限制;流行舞蹈对于表演者要求不高,只要喜爱,任何文化层次的人都可参与。有较强的自娱性,流行舞蹈在表现形式中,观众与表演者之间没有明显的界线,具有较强的随意性。

2. 专业性

随着流行舞蹈的不断发展和传承,其专业性逐渐强化。流行舞蹈的各类大型比赛被教育工作者、大众所认同。一部分舞蹈专业人员以流行舞蹈创作和表演为职业,提高了流行舞蹈的艺术价值,给人民群众带来了视觉美的享受。

3. 个体性

流行舞蹈的表演没有固定的模式与舞蹈风格,每个人对音乐的理解不同,演绎时跳出来的感觉都不一样,这种个性化的舞蹈更容易宣泄、释放自己内在的情感,成为年轻人所喜爱的艺术形式。

4. 社会性

流行舞蹈越来越被大众所接受,因为流行舞蹈可以调节现代人忙碌的生活,舒展身体与心灵,且有良好的社交功能,将娱乐、健身、表演融于一体。

二、 流行舞蹈教学的必要性

1. 流行舞蹈是融音乐、表演、造型、舞蹈等多项艺术为一体的综合性艺术,是一种外来引进文化。

2. 对于流行舞蹈的教授,教师必须先引导学生学习相关艺术内容及表现形式,了解此种舞蹈深层次的文化底蕴,增强学生的艺术修养。

3. 通过流行舞蹈的训练,加强舞者对自身各部位的认识,使其更协调地控制身体,释放作品表演激情。

4. 舞蹈教师在教授流行舞蹈时可针对学生的各种弊病,进行有的放矢的纠正(如动作协调性差及表演不到位等)。可参考古典舞、民族民间舞、当代舞、现代舞等多种舞种交叉训练的方法,以增加动作的美感及艺术表现力,培养学生对不同舞种不同表现力的综合理解力。

5. 用流行舞蹈对学生进行训练,也是我国传统舞蹈的科学训练方法的丰富和补充。

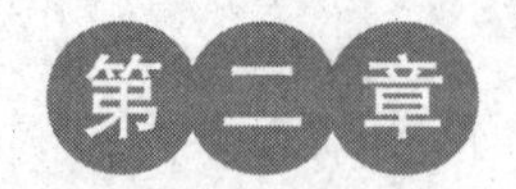

流行舞蹈训练

第一节　爵士舞

在中国爵士舞代表着一种新兴的外来舞蹈文化，在当今社会大受推崇，成为最受欢迎的舞蹈种类。爵士舞有着独具一格的舞台魅力和独特的表现方式。它是具有浓厚古典芭蕾味道的现代舞蹈及拉丁舞和黑人舞蹈的综合体，同时掺杂着诙谐的音乐，使其产生强烈的动感。爵士舞可以充分表达舞者的心声并尽显舞者的个人魅力。这是一种当今社会结构下精神的调剂品，可以自娱也可娱人的舞蹈艺术。

一、爵士舞起源

爵士舞蹈其实是非洲舞蹈的延伸，由黑人奴隶带到美国本土，而在美国逐渐演进形成大众化、本土化的舞蹈。非洲的黑人由于长期受到压迫和贩卖，有长达约三百年的奴隶交易，使得他们被遣散在美国及拉丁美洲等世界各地。在新环境、新生活中过着悲惨暗淡的奴隶日子，虽然在痛苦中挣扎，但仍然未忘记音乐与舞蹈。无论在祭神的集会里还是在人生的喜、怒、哀、乐中，只要有机会，他们就大跳其民族舞蹈。在不断的创新中，发明了新的舞步。后来，逐渐地被美国本土白人所认同，对这些充满韵律节奏感的黑人舞蹈感兴趣，形成了现在受大众所喜爱的艺术类型。“爵士”一词本来是一类音乐的名称，音乐用语的“Jazz”一词是在1990年以后才被使用，在以前称作“Jass”。爵士舞于20世纪早期因循爵士乐自然伴随而传承下来，又因爵士乐在演奏上一向非常热闹，因此，“Jazz”是活泼、喧闹、狂躁的代名词。

二、爵士舞种类

爵士舞是追求活泼、愉快、有生气的一种舞蹈。它的特征是可自由自在地跳舞，不必像传统的芭蕾一样，局限于一种形式与遵守固有的姿态，但又和的士高舞那种完全自我享受的舞蹈不同，它在自由表演之中仍存在着某种规律。因形式多样，主要可分为以下六种。

1. New Jazz(新爵士)

很讲究柔美和瞬间爆发，以手臂的动作为主，腰的扭动和臀部的动作为辅，pose点比较多，每一个动作都要求有爆发力，带点野性、性感，对身体能力要求比较高，在欧美地区非常流行。

2. Hiphop Jazz(嘻哈爵士)

由街舞中的Hiphop元素和爵士元素结合而成的一种风格。简单的说就是hiphop的律动加Jazz的基本步伐，本教材重点介绍嘻哈爵士中的LA风格(洛杉矶风格)，这是一种由现代舞和爵士舞街舞融合的一种舞蹈风格，舞蹈要求舞者具有高度的动作协调性和舞感，以及肢体的灵活性和控制力。

3. Funky Jazz(力量爵士)

Power Jazz也是力量爵士之一，但是它注重力的点和过程的结合运用，跳起来相似于Hiphop中的Punky，要求舞者能将力度与动作完美的结合。

4. Reggae Jazz(雷鬼)

这个舞种源于法国，也有人说起源于美国。非常性感的一种舞蹈，演绎的舞者穿着也比较性感，以下半身的动作为主，主要用到臀部、腰部、腿部，动作着重于在腰部和臀部的绕圈和打点，和胸部的up、down。它要求动作的力度和对音乐的融合力。这是一种性感的、有力度的舞蹈。

5. Theatrical Jazz(百老汇爵士)

礼帽和手杖是舞台式爵士舞常用的道具,但百老汇舞不只局限于此。百老汇爵士舞有一种炫耀的风格,随着切分的爵士音乐伴奏显出摇摆的特质。百老汇爵士舞紧随百老汇的歌舞剧而演变。

6. Modern Jazz(现代爵士)

由芭蕾舞蹈演变而来,很绅士、幽雅的舞种。同时也是其他舞种的基础舞种之一,除了典型爵士风格的棱角行进路线和明快的肢体语言、躯干动作外,流畅而持续的动作也被用来强调修长的线条和曲线。下按的手腕、有形的造型和姿势都属于舞台式爵士舞和现代爵士舞的风格。

流行舞蹈作品(一)

1. 爵士舞蹈名称

《火焰》

2. 基本动作名称

正 wave、反 wave、rolling、含腆与复原、滑步。

3. 训练目的

爵士舞是一种急促而又富有动感的节奏型的舞蹈,属于一种外放型的舞蹈。它可以有效地训练身体的各部位,达到身体延展的目的,爵士舞的每个动作都有固定的角度与摆动方式,在做手的动作时会有无限延伸的感觉。爵士舞通过身体的颤、抖、扭表达出内心的情感,宣泄舞蹈的主题。在舞蹈当中常会用到头、胸、腰和胯的动作,所以这个舞蹈作品可以训练学生身体的每一个部位,加强学生身体的灵活性、协调性。

4. 教学提示

爵士舞的动作本质是一种自由纯朴的表现,身体会不由自主地随着音乐的节奏而摆动,爵士舞主要注意动作与旋律的配合。学习中注意以下五点。

① 利用屈膝,使身体重心更接近于地面。

② 快速地移动重心,特别是水平移动姿势更是爵士舞技巧的表现。

③ 让身体各个部位如头、肩、胸、腰、胯完成独立动作,以达到身体各部位的协调。

④ 强调角度及线条的动作。

⑤ 训练时对节奏变化较多且复杂的地方,要把节奏调整放慢,先讲清楚节奏的变化,再进行训练。

5. 动作分解

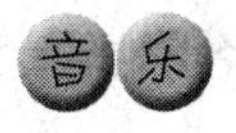

流行舞蹈作品音乐

火　焰

1 = C $\frac{4}{4}$ ♩= 16

快板

佚　名

(前奏)

(1 1 1 1 1 1 1 | 1 1 1 1 1 1 1 | 1 1 1 1 1 1 | X X X X X) |

X X X X X X X | X X X X X X | X X X X X X | X X X X X X X |

X X X X X X X | X X X X X X | X X X X X X X | X X X X X 1 2 |

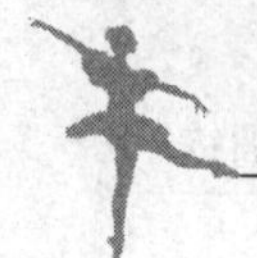

𝄋

| 3 16 0 12 | 32 32 32 12 | 4 16 0 12 | 32 32 32 12 |

3 16 0 12 | 32 32 32 12 | X X X X | XX XX X 35 |

Fine.

‖: 3 03 3. 5 | 3 33 33 23 | 4 04 4 3 |1. 44 44 4 35 :‖

2. 44 44 4 – | 11 11 1 1 | 11 11 1 1 | 11 11 1 1 |

XX XX X X | X XX X X | XX XX X X | X XX XX XX |

XX X X XX | XX XX X X | XX XX X X | XX XX XX XX |

X X X X 0 1 2 |

D.S.

准备姿态：身体直立，双腿分开约与肩同宽，头自然下垂。

① 第 1—2 小节

1—2 先做右边。身体重心放在右脚上，上身偏向 8 点方向，举起右手，往下弯曲 90°。抬起左腿稍稍弯曲，右手垂直向下挥甩与左脚同时落地轻轻跳起。

3—4 做反面。身体将重心放在左脚上，上身偏向 4 点方向，举起左手，往下弯曲 90°，抬起右腿稍稍弯曲，左手垂直向下挥甩与右脚同时落地轻轻跳起。

5—6 双手屈起在胸前，上身向四个方向滑动形成一个圆圈，同时伸出右脚，脚后跟轻轻点地，双手摆动到上方弯曲 90°，重心轻微向后，伸出左脚，脚后跟轻轻点地。

7—8 双手从上往左摆动，伸出左脚脚后跟点地，形成一个圆后，双手屈伸摆动到胸前方，伸出右脚，脚后跟点地。

② 第 3—4 小节

1—2 双手从下往上至 90°，头看左边，同时伸出左脚，双腿弓步，后左脚为重心，双臂从上往下屈于胸前，同时弯曲右腿到 90°，左脚屈伸，右脚膝盖找胸部。（见动作图 129）

3—4 双手从下往上至 90°，头看右边，同时伸出右脚，双腿弓步，后右脚为重心，双臂从上往下屈于胸前，同时弯曲左腿到 90°，右脚屈伸，左脚膝盖找胸部。

5—6 身体瞬间快速下蹲，双手伸直于头顶，与肩同宽。下蹲后快速站立，双手放松放在双腿两边，同时伸出左脚，脚跟点地。（见动作图 130）

7—8 动作与 5—6 相同。

③ 第 5—6 小节

1—2 右脚向前一步放在左脚前面，身体重心在右脚，上身偏右边，双手交叉于胸前；左腿往左侧跨出一步，脚尖点地，上身偏右，双手同时伸直，头看向右方。

3—4 左脚向前一步放在右脚前面，身体重心在左脚，上身偏左边，双手交叉于胸前；右腿往右侧跨出一步，脚尖点地，上身偏左，双手同时伸直，头看向左方。（见动作图 131）

5—6 下身微蹲，上身偏左，右手放离额头 5 cm 处，呈“看”的手势；接着下身伸直站立，上身继续偏左，右手同时向右下方挥甩。

7—8 下身微蹲，上身偏右，左手放离额头 5 cm 处，呈“看”的手势；接着下身伸直站立，上身继续偏右，左手同时向左下方挥甩。

④ 第 7—8 小节

1—2 左腿为重心，伸出右脚，将右手伸直于头顶，臀部向左；头看左侧；接着伸出左手，下身轻微下蹲，臀部向右，头看正前方；双手放下至双腿两侧，同时臀部向左，低头看左侧，后臀部向右，眼神往左斜下方看。（见动作图 132）

3—4 动作与 1—2 拍相同。

5—6 双手朝 7 点方向从右至左挥甩，头看左侧，同时伸出左脚，脚尖轻轻点地。

7—8 身体站立，双手放于头顶处，两手轻轻碰在一起；后快速两腿合拢半蹲，双臂同时放在双腿膝盖 10 cm 处，头最后落下低头。以右脚为重心，左脚轻微跳起放与肩同宽的左侧，双手屈于头顶处双手自然下垂；接着左脚轻微跳起换以左脚为重心，右腿屈膝后伸直放与肩同宽的右侧，双手自然下垂，脚尖点地。

⑤—⑥ 第 9—12 小节 自由动作，表演者根据音乐即兴摆动身体。

⑦—⑩ 第 13—20 小节 与①—④动作相同。

⑪—⑫ 第 21—24 小节 自由动作，表演者根据音乐即兴摆动身体。

⑬—⑯ 第 25—32 小节 与①—④动作相同。

结束动作：造型姿态。（任意动作都可以，表演者可以自行设计）

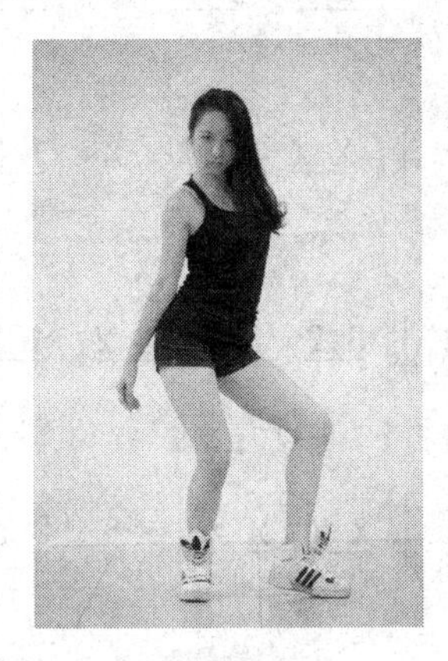

动作图 129

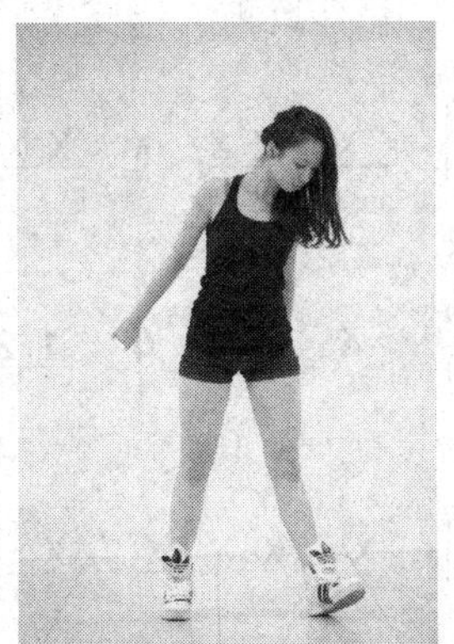

动作图 130

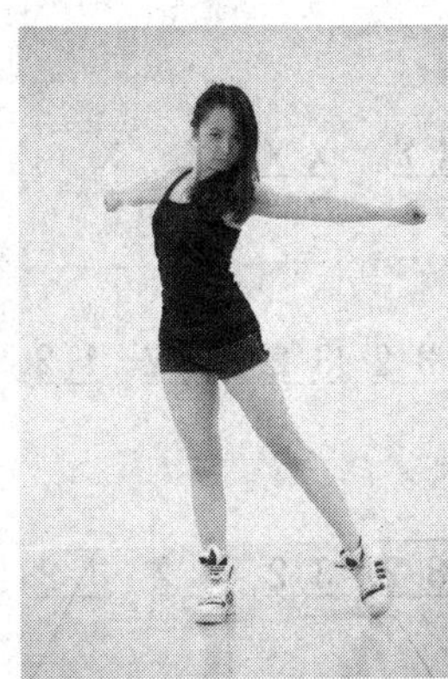

动作图 131

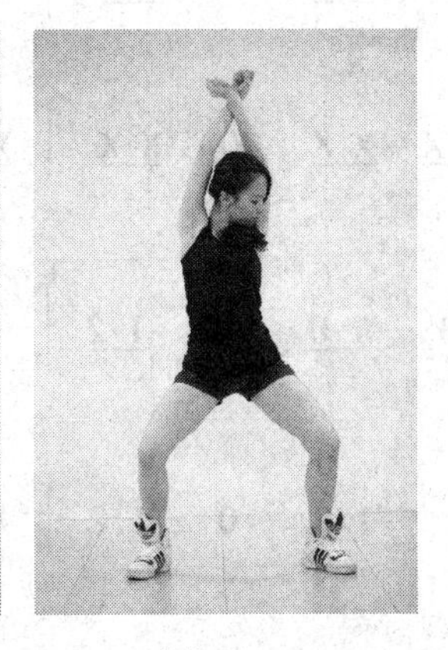

动作图 132

流行舞蹈作品(二)

1. 爵士舞蹈名称

《动起来》

2. 基本动作名称

侧 wave、左摆胯、右摆胯、站立跳跃。

3. 训练目的

爵士舞是一种急促而又富有动感的新型舞蹈，受到年轻人的喜爱。学生对于爵士舞的热爱体现在他们对练习的重视。本作品着重训练学生的节奏感与姿态美。在训练时，要对学生的每一个部位进行单一训练。将力度与柔美以及风格体现在舞蹈作品中，以表达作品的内涵与表演者的态度。

4. 教学提示

本作品表演者要在表演时富有激情、爆发力与控制力，柔美与性感要在表演中体现。学生在表演时要

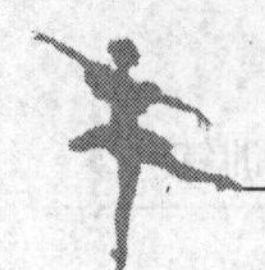

注意动作与旋律方面的结合。

① 单一动作姿态造型的训练。

② 侧 wave 身体的灵活。

③ 让身体各个部位如头、肩、胸、腰、胯做独立动作。

④ 强调角度及线条的动作。

⑤ 单一节奏的训练，以及记熟音乐旋律。

⑥ 快节奏的动作要分解，并多重复练习。

5. 动作分解

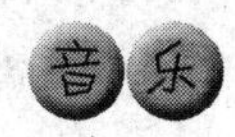

流行舞蹈作品音乐

动起来

1 = C 4/4 ♩= 116

快板

佚 名

（前奏）

(11 11 1 11 | 11 11 1 11 | 11 11 1 1 | X X X XX)|

XX XX X XX | XX XX X X | XX XX X X | XX XX X XX |

XX XX X XX | XX XX X X | XX XX X XX | XX XX X 12 |

𝄋

| 3 16 0 12 | 32 32 32 12 | 4 16 0 12 | 32 32 32 12 |

3 16 0 12 | 32 32 32 12 | X X X X | XX XX X 35 |

|: 3 03 3. 5 | 3 33 33 23 | 4 04 4 3 | [1. 44 44 4 35 :|

[2. 44 44 4 – | 11 11 1 1 | 11 11 1 1 | 11 11 1 1 |

XX XX X X | X XX X X | XX XX X X | X XX XX XX |

XX X X XX | XX XX X X | XX XX X X | XX XX XX XX |

X X | X X | 0 | 1 2 |

D.S.
Fine.

准备姿态：身体直立，双腿分开约与肩同宽，头自然下垂。

① 第1—2小节

1—4　右脚迈前一步，身体重心轻微向前倾，迈右脚的同时双手横屈胸前，双手向前往两边打开，两眼平视于前方；左脚迈前一步，两手从两边收回至胸旁绕腕，两手向前伸直，五指张开，头同时向后下胸腰；右脚向前一步，两手同时横屈于胸前，五指张开向两边划开伸直。（见动作图133、134）

5—8　以左脚为轴，右脚转半圈至左，身体背对右手同时向左腰处挥甩，头跟着看左边，左手向右腰处挥甩，头跟着看右边，左脚轻轻踮起，双手轻轻扶腰；右手向上伸直80°，头看左边，右手掌心从上向下慢慢落下，眼看着手。（见动作图135）

② 第3—4小节

1—4　右脚迈前一步，身体重心轻微向前倾，迈右脚的同时双手横屈胸前，双手向前至两边打开，两眼平视于前方；左脚向前一步，两手两边收回至胸旁绕腕，两手向前伸直，五指张开，头同时向后下胸腰；右脚向前一步，两手同时横屈于胸前，五指张开向两边划开伸直。

5—8　以左脚为轴，右脚转半圈至左，身体正对右手同时向左腰处挥甩，头跟着看左边，左手向右腰处挥甩，头跟着看右边，左脚轻轻踮起，双手轻轻扶腰；右手向上伸直80°，头看左边，右手掌心从上向下慢慢落下，眼看着手。

③ 第5—6小节

1—4　双脚打开以肩同宽，两臂快速张开至两边伸直，五指张开，掌心向前，头同时看左边；两手于胸旁绕腕向下直两腿旁，五指张开，掌心向前。两脚不动；两手于胸旁绕腕向上举起，掌心向前，五指张开，两脚继续不动，双腿半蹲，两手快速放下扶住两膝盖处，上身同时前腰落下，头最后落下。

5—8　以右脚轴单脚站立，双手同时向两边打开伸直，左脚打开至45°，身体重心同时向右倾倒；左脚放在右脚之后，两手依然伸直；右脚走在左脚之后，左脚原地轻轻踏一步，右脚脚掌点地，头低下看下方，双臂坚屈90°于肩前；双臂向下垂直挥甩，双手握拳，同时以左脚为轴，右腿伸直抬至45°，身体重心向左倾倒，头同时抬头看上方；至站立不稳时，右脚落地放在左脚之前，双臂坚屈于肩前，左脚向左迈一小步，双臂向左斜上方160°处伸展，五指张开，掌心向前，头看前方。以右脚为轴，身体转向右边左腿单腿落地蹲下。两臂同时自然向两腿边垂下。

④ 第7—8小节

1—4　身体依然转向右边，左腿单腿落地下蹲，头看正前方，双臂向上伸直，两手绕腕向后旁两边打开落下扶地，五指张开；以双手扶地上身为重心，头看正前方，左腿向上快速踢起后弯曲放在左右腿上。重心移到左脚上，左脚向右推到右下方踩地，旋转半个圈后站立面向左边，两脚张开与肩同宽。（见动作图136）

5—8　身体站立，两腿张开面向左边，两臂伸展快速伸出至前方，掌心向对，五指张开，后双臂放在身体之后，在上身之后呈一环抱状，双臂稍微弯曲，头同时看右边的正前方。以左脚为轴，右脚向左后方迈一步，两手依然放后，身体面向正前方。右脚向前迈一步将重心移至右脚上，左臂横屈于胸前，双膝半蹲，右手同时收回胸前，旋转一周圈。

⑤ 第9—10小节

1—4　双腿合拢半蹲，双手往上伸直同时双腿往上弹跳，双手收回胸前往右边五指张开甩出，双腿合拢。双手同时往两边伸直，左腿向前迈一步，双手收回时，左手在后，右手在前。

5—8　双手同时往两边伸直，右脚向前迈一步，双手收回时，左手在前，右手在后。左脚向前迈一步，右脚点地。提右肩压左肩，目视正前方。接着同时提左肩压右肩。

⑥ 第11—12小节　自由动作，表演者根据音乐即兴摆动身体。

⑦—⑪ 第13—22小节　与①—⑤动作相同。

⑫ 第23—24小节　自由动作，表演者根据音乐即兴摆动身体。

⑬—⑰ 第25—34小节　与①—⑤动作相同。

结束动作：造型姿态（任意动作都可以，表演者可以自行设计）

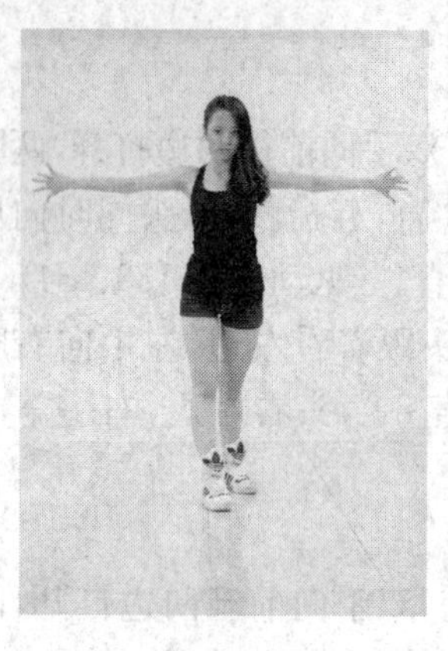
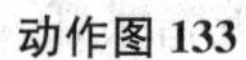
动作图 133

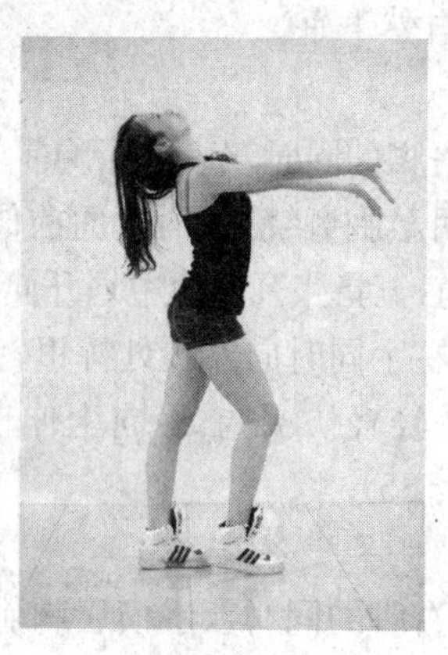
动作图 134

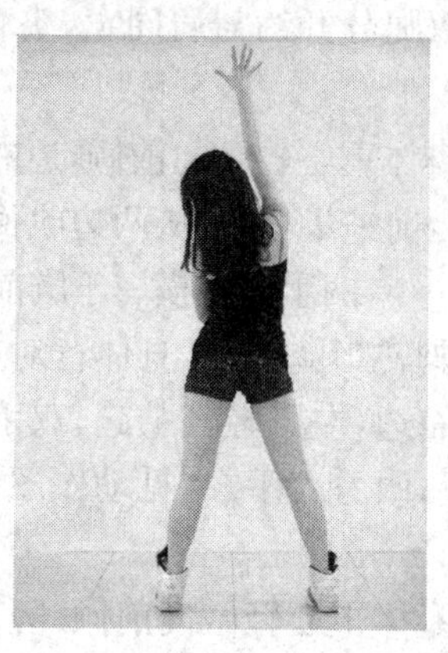
动作图 135

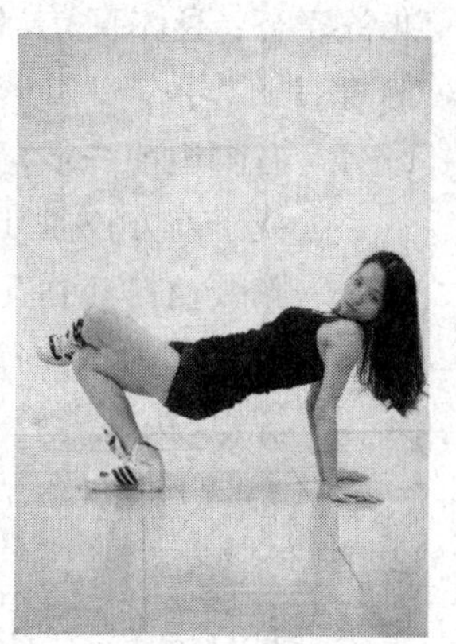
动作图 136

第二节　西班牙舞

西班牙舞蹈，其特点是：热情、奔放，舞者高傲、体态端庄，女性步伐悠闲，富有一种对男性诱惑的魅力。因地域的不同，在舞蹈风格上也有所不同，其舞蹈种类繁多，主要有博雷罗舞、弗拉门戈舞、凡丹文舞、巴斯克舞等。这些舞蹈奔放有力如滔滔海水，热烈鲜艳如熊熊烈火，有着激动人心的节奏和旋律，有着傲气十足和刚柔并蓄的美妙风姿，深受世界各国人民的喜爱和欢迎。

一、西班牙舞蹈种类与特点

风格独特而多姿多彩的西班牙舞，集中地体现了西班牙人民骄傲自信、乐观豪迈的民族个性和神采飞扬、俊美矫健的精神面貌。其舞蹈风格的形成，受到本民族的内在因素和外在情况的影响。在现今西班牙就流传有几百种音乐舞蹈形式。民间音乐舞蹈有“霍达”、“萨达纳”、“佩里科特”、“凡丹戈”、“ 巴斯克”、“塞吉迪里亚”、“博莱罗”、“ 弗拉门戈”等。

二、弗拉门戈舞蹈

“弗拉门戈”一词来自阿拉伯文“逃亡的农民”。“弗拉门戈”舞蹈优美、刚健、热情、奔放，形象地体现了西班牙人民的民族气质。这种舞蹈以表达吉卜赛姑娘的爱恨情愁为主题。弗拉门戈舞具有三大要素：舞蹈、伴奏、伴唱。表现主题多为女人、上帝、爱情等内容，跳弗拉门戈舞时的动作要领在于注重全身各部位动作间的充分协调，或捻动手指发出响声，或用脚踏击，或手持响板敲击而舞。弗拉门戈舞是艺术与技术的完美统一，是世界艺术舞台上最璀璨的一抹红色，成为整个西班牙音乐舞蹈的代表性艺术之一。

1. 弗拉门戈舞蹈音乐特点

1）弗拉门戈舞蹈音乐大调旋律深沉悲伤、缓慢；中调旋律明朗、流畅、不缓不疾；小调旋律亮丽且快速。

2）弗拉门戈舞蹈音乐重音不规则是其最大的特色。

3）乐手敲击琴身，以模仿演员的跺步，增强舞蹈的气氛。

4）响板、响指、击掌强化音乐节奏的重拍，增强弗拉门戈舞蹈的热烈气氛。

2. 常见基本动作

1）转腕动作分为内转和外转，内转是提腕，由内往外转，最后手背对手背；外转是提腕，由外往内转，最后手心对手心。

2）基本手位：基本要求是挺胸、压肩、提肘(架肘)。分为四个基本手位：下手位(手以优雅姿势张开，自然下垂)、胸前手位(手以优雅姿势张开，平放胸前)、上手位(手以优雅姿势张开，挺举于头上)、旁边手位

(手以优雅姿势张开，放于身体两侧)。弗拉门戈舞所有手部动作都蕴涵在这四个基本手位中，不同的演变，再配以身体的动作，就组成不一样的手部动作组合。

3）脚部动作：脚部动作包括四个脚形：全脚着地、脚掌着地、脚跟着地、脚尖着地。全脚着地是指整个脚掌同时着地，做蹬踏动作；脚掌着地是指落地的是前半脚掌，做蹬踏动作；脚跟着地是指脚跟落地，做蹬踏动作；脚尖着地是指落地时只有后脚尖一点，做点踏动作。

注意：做任何一个脚形动作，脚背都要从后方提脚，拉回原地。弗拉门戈舞所有的脚部动作都由四个脚形变化而来；不一样的节奏，采用不一样的形态。

4）击掌：击掌包括闷声与亮声两种。闷声：双手手掌掌心有空间，双手相击，击打出一种闷闷的声音；亮声：右手四指并拢，左手空出掌心位置，右手四指击打左手掌心，发出响亮的声音。

5）弹指：(男演员常用)左右手的中指与大拇指各自弹击，发出清脆的响指声音。

流行舞蹈作品(三)

1. 西班牙舞蹈名称

《卡门》

2. 基本动作名称

点踏步、踩踏步。

3. 训练目的

在表演过程中认识、把握西班牙舞蹈的风格特点，同时训练肢体的张力，进一步释放并提高表演者艺术表演的力度与感染力。

4. 教学提示

西班牙舞蹈的主要特点是姿态挺拔，刚柔并济的舞姿，犹如西班牙女郎的柔情中融入斗牛士的英姿帅气，表演时给予提示，让学生体会作品内涵，让其充分表现出内心所迸发出来的热情和激情。

5. 动作分解

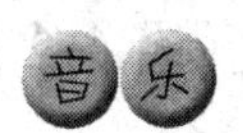

流行舞蹈作品音乐

卡　门

1 = D $\frac{2}{4}$ ♩= 76

行板

佚　名

(前奏)

(X X | X X X | X X | X X 0) i 7 ‖: ♭7 7 7 6 ♭6 | 5 5 5 ♭5 4 | ♭3 4 3 2 3 4 3 |

2 i 7 | ♭7 7 7 6 ♭6 | 5 5 5 ♭5 4 | 2 ♭3 2 1 2 3 2 | 1 i 7 :‖ ♭7 7 7 3 | 5 – | 5 i |

6 – | 6 2 | 2 2 7 6 | 5 0 5 6 7 | i·5 1 2 | 𝄋 3·5 3 2 | 1·2 3 4 | 5·5 5 5 6 5 |

4·6 2 3 | 4·6 4 3 | 2·3 4 5 | 6·6 6 6 7 6 | 5·5 1 2 | 3·5 3 2 | 1·2 3 4 |

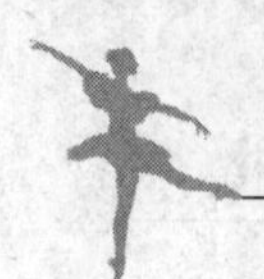

To ⊕

5·5 5 5 i̇ 7 | 4·6 2 3 | 4·6 4 3 | 2·3 4 5 | 7 6 | 5 4 3 2 | 1·5 1 2 | 3·5 3 2 |

1·2 3 4 | 5·5 5 5 6 5 | 4·6 2 3 | 4·6 4 3 | 2·3 4· 5 | 6 6 6 6 7 6 | 5·5 1 2 |

3·5 3 2 | 1·2 3 4 | 5·5 5 5 i̇·7 | 4·6 2 3 | 4·6 4 3 | 2·3 4 5 | 7 6 5 4 | 3̇· 2̇ |

转 1＝B

i̇ – | X X | X X | 6 X | 2 1 | 6 X | X 0·5 | 6 X | 2 1 | 6 X | X 5 6 |

3̇ – | 3̇ 4̇ 3̇ | 7 3 2̇ | 2̇ i̇ 7 6 | 4 4 4 | 3̇ 2̇ 2̇ | 2̇ – | X X | 0 5 #5 6 | 7 7 i̇ |

7 6 3 1 7 6 | 3 5 | 7 i̇ 6 7 i̇ 3̇ i̇ | 5̇ 3̇ 2̇ 3̇ 6 | 6 3 ♭3 2 | 1 – | 0 6 3̇ 3̇ 3̇ 3̇ 7 |

0 6 0 i̇ 0 2̇· | 0 6 3̇ 6 7 6 7 | 5 – | 0 6 3̇ #4̇ 3̇ 4̇ i̇ | 0 6 3̇ #4̇ #i̇ 7 6 3 #i̇ 7 6 |

0 3 6 7 6 7 6 | 6 – | 0 6 1 #2 3 5 #5 6 7 | 1 2 #2 3 5 #5 6 | 6 6 ♭6·6 4·4 3 ♭3 | 6 6 ♭6·6 4·4 3 |

转 1＝D

i̇ i̇ 7 ♭7 6 3̇·6 3̇· | 5 6·i̇ 2̇ ♭2̇ | i̇ #4 6 | 5 4 3·2 | 1·5 1 2 | ⊕ 7 6 #4 | 5 3̇ | 5̇ 3̇ 2̇ i̇ ‖

D.S.

① 第 1—2 小节

1—8 准备造型 1(见动作图 137)，左手叉腰，右手斜上 45°拎裙摆，挺胸，压肩，由场外往场中央方向走，四拍一步。

② 第 3—4 小节

1—8 延续上小节动作。

③ 第 5—6 小节

1—8 延续上小节动作。

④ 第 7—8 小节

1—8 延续上小节动作。

9—10 造型 2(见动作图 138)，身体对 3 点方向，双脚并拢，双手于稍高头顶位置击掌两次(双手相击，双手手掌掌心留有空隙)同时头转向 1 点。

⑤ 第 9—10 小节

1—2 身体对 3 点方向，双脚稍蹲，身体放松，低头，手放于身体两侧。

3—6 头保持下低，右脚往 2 点迈步，同时双手由下往上经过身体前方提腕至头顶，左脚并上右脚立半脚尖。

7—8　往 6 点方向撤左脚同时朝 2 点抬头，双手手心对外慢慢打开。

⑥ 第 11—12 小节

1—6　同⑤7—8。左手落至与肩同高，上身顺势往左旁倾。(见动作图 139)

7—8　左手叉腰，右手顺 2 点方向往下划至胸前，左屈膝，右脚往旁伸直，重心移至左脚，身体正对 1 点。

⑦ 第 13—14 小节

1—2　同⑥7—8。

3—6　并踏右脚，双脚直立同时右手经下弧线往 2 点甩出去，头随手方向，上身拧向 8 点，于第 3 拍时到位。(见动作图 140)

7—8　向 1 点上右脚，双脚快速并立，同时双手于两旁由下往上经身前提腕至头顶。

⑧ 第 15—16 小节

1—2　同⑦7—8。

3—6　正退右脚，左脚并，同时双手经身前往两旁打开至斜上 45°，头稍向上抬。

7—8　同②7—8。

⑨ 第 17—18 小节

1—2　保持上一小节结束姿态。

3—6　右脚向 8 点方向迈一步。

7—8　左脚往 5 点迈步，同时右手向右上斜 45°提腕，头快转至 5 点方向。

⑩ 第 19—20 小节

1—2　保持上一小节结束姿态。

3—6　右脚往 3 点方向迈步，上身保持不变。

7—8　左脚向 1 点迈一步。

⑪ 第 21—22 小节

1—2　同⑩7—8。

3—6　向 1 点上右脚，双脚快速并立，同时双手于两旁由下往上经身前提腕至头顶。

7—8　正退右脚，左脚并，同时双手经身前往两旁打开至斜上 45°，头稍向上抬。

⑫ 第 23—24 小节

1—4　左手叉腰，右手顺 2 点方向往下划至胸前，左屈膝，右脚往旁伸直，重心移至左脚，身体正对 1 点。

5—6　并踏右脚，双脚直立同时右手经下弧线往 2 点甩出去，头随手方向，上身拧向 8 点。

7—8　身体转向 1 点同时下蹲，双手拎裙摆。

⑬ 第 25—26 小节

1—8　原地往左、右两边八字摆动裙子，同时左、右脚分别向前点地，下巴稍上扬，上身稍后趟，两拍一动。

⑭ 第 27—28 小节

1—2　双脚并拢，屈膝，双手于胸前小八字摆裙，臀部随着左右快速扭动。

3—4　左脚向前快速上步，右脚快跟同时双手拎裙从两旁合至身前。(手臂呈圆弧状)

5—8　双手拎裙慢慢向两旁打开。

⑮ 第 29—30 小节

1—4　同⑭7—8。

5—8　同⑬。

⑯ 第 31—32 小节

1—4　同⑬。

5—8　同⑭1—2。

⑰ 第 33—34 小节

1—4　右脚往右迈步，同时右手将裙摆拉高至斜上 45°，与左手裙摆呈直线，左脚轻点地，身体稍向左下方倾斜，眼睛看左手。

5—8　做反面动作。

⑱ 第 35—36 小节

1—4　同⑰1—4。

5—8　左脚往 7 点方向迈步转身，同时双手松开裙摆，并住双脚，身体正对 3 点，头转向 1 点，左手叉腰，右手高举于头顶。（五指用力撑开）

⑲ 第 37—38 小节

1—2　左脚往 1 点方向迈步点地，同时右手摆动至胸腹之间的位置。

3—4　右脚往 1 点方向迈步点地，同时右手由下往上摆动至正后斜上 45°位置。

5—6　同 1—2。

7—8　右脚踏步并上左脚，同时右手高举于头顶，五指用力撑开。（见动作图 141）

⑳ 第 39—40 小节

1—4　右脚往正后退一步，同时右手由 1 点向 5 点划至上斜 45°，两拍一动。

5—6　身体快转正对 7 点，同时右手从水平线划至胸腹之间位置，架肘。（见动作图 142）

㉑ 第 41—42 小节

1—4　转身面对 3 点，头对 1 点，双手于头顶击掌（闷掌）。

5—6　左脚往 7 点方向迈步点地，同时右手摆动至胸腹之间的位置。

7—8　右脚往 7 点方向迈步点地，同时右手由下往上摆动至正后斜上 45°位置，摆手时头看右手方向。

㉒ 第 43—44 小节

1—2　左脚往 7 点方向迈步点地，同时右手摆动至胸腹之间的位置。

3—4　右脚踏步并上左脚，同时右手高举于头顶（五指用力撑开）。

5—8　右脚往正后退一步，同时右手由 7 点向 3 点划至上斜 45°，两拍一动。

㉓ 第 45—46 小节

1—4　左脚踩踏并上右脚，身体快转正对 3 点，同时右手从水平线划至胸腹之间位置，架肘，第 4 拍时快蹲拎裙摆。

5—8　翻腕小八字摆裙，同时在半屈膝状态左脚前点地、后点地各交换 2 次，上身随之前后律动。

㉔ 第 47—48 小节

1—4　同㉓5—8。

5—6　面对 1 点方向，放松身体半蹲。

㉕ 第 49—50 小节

1—4　慢起上身，双脚直立，双手拎裙摆，左手架于胯旁，右手架起与肩同高。（见动作图 143）

5—8　头稍微拧向右后方，往顺时针方向左右脚交替踩踏步。

㉖ 第 51—52 小节

1—8　同㉕5—8，走至面向 1 点方向。

㉗ 第 53—54 小节

1—8　原地往左、右两边八字摆动裙子，同时左、右脚分别向前点地，下巴稍上扬，上身稍后趟，两拍一动。

㉘ 第 55—56 小节

1—8　同⑰。

㉙ 第 57—58 小节

1—8　同⑱。

㉚ 第59—60小节
1—8　同⑲。
㉛ 第61—62小节
1—8　同⑳。(最后姿态上多停两拍)
㉜ 第63—64小节
1—2　左脚往7点方向迈步点地,同时右手摆动至胸腹之间的位置。
3—4　右脚往7点方向迈步点地,同时右手由下往上摆动至正后斜上45°位置,摆手时头看右手方向。
5—6　重复1—2动作。
7—8　右脚踏步并上左脚,同时右手高举于头顶(五指用力撑开)。
㉝ 第65—66小节
1—4　右脚往正后退一步,同时右手由7点向3点划至上斜45°,两拍一动。
5—8　面对1点放松身体双屈膝,低头双手拎裙摆慢起上身。
㉞ 第67—68小节
1—8　双手将裙摆由两旁拎起至斜上45°,原地自转2圈,最后面向1点。
㉟ 第69—70小节
1—2　松开裙摆,右手在前、左手在后从上往下撑开(掌心朝外),同时左脚屈膝,右脚往旁点地伸直,重心在左脚。
3—4　做1—2的反面动作。
5—6　左脚往前快迈一步,右脚于正旁点地,双脚直立,同时双手向上延伸拉长。
7—8　右脚与左脚并步踩踏,同时双手从两旁划开,左手叉腰,右手架肘摆到胸腹之间的位置,头转向3点方向。
㊱ 第71—72小节
1—6　保持上一小节7—8姿态,顺时针方向用踩踏步走6步,最后回到面对1点方向。
7—8　下蹲双手拎裙摆。
㊲ 第73—74小节
1—4　架肘,由左向右双水平移动裙摆,将裙摆拉平,脚步为踩踏步(前两拍一拍一踏,后两拍为一拍两踏)。
5—8　做1—4的反面动作。
㊳ 第75—76小节
1—8　身体转向2点,翻腕小八字摆裙,同时在半屈膝状态左脚前点地、后点地各交换4次,两拍一次,上身随着前后律动。
㊴ 第77—78小节
1—8　同㊲,但前四拍和后四拍的动作交换。
㊵ 第79—80小节
1—8　身体转向8点,同㊳。
㊶ 第81—82小节
1—4　面对1点,左手叉腰,右手于斜下45°八字摆动裙子,左右脚交替向前点地,两拍一动。
5—6　上身侧对3点方向,左脚向1点点踏步,右手摆动至胸腹中间位置同时松开裙摆。
7—8　右脚踏步并上左脚同时右手高举于头顶(五指用力撑开)。
㊷ 第83—84小节
1—8　匀速沿逆时针方向绕走小半圈,右手跟随脚步以远线条由上往下慢放,最后回到中场面对1点方向。
㊸ 第85—86小节
1—4　右脚在前,左脚在后,埋头全蹲。

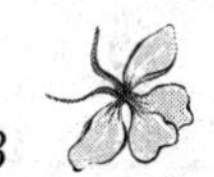

5—8　双手从两旁拎起裙摆至斜上 45°，同时抬头站起。

㊹ 第 87—88 小节

1—8　同㊵。

㊺ 第 89—90 小节

1—4　左脚往 7 点迈步，右脚点地，重心落于左脚，同时右手背手，左手由 3 点往 7 点方向划圆至左斜上 45°，眼睛看 3 点斜上方。

5—6　左手由 7 点往 3 点方向划至头顶，左脚点地，重心换到右脚，左边身体线条呈直线，眼睛看右下方。

7—8　重复 1—4 动作。

㊻ 第 91—92 小节

1—8　拎裙摆沿逆时针方向绕走小半圈，右手跟随脚步以远线条由上往下慢放，最后回到中场面对 1 点方向。（见动作图 144）

㊼ 第 93—94 小节

1—8　同㊲。

㊽ 第 95—96 小节

1—8　反方向动作同㊲

㊾ 第 97—98 小节

1—8　同㊴。

㊿ 第 99—100 小节

1—8　同㊵。

51 第 101—102 小节

1—8　同㊶。

52 第 103—104 小节

1—8　同㊷。

53 第 105—106 小节

1—8　同㉟。

54 第 107—108 小节

1—8　同㊱。

55 第 109—110 小节

1—8　慢起上身，同时将裙摆由两边慢慢拎起至水平位置。

56 第 111—112 小节

1—8　同⑰。

57 第 113—114 小节

1—8　同⑱。

58 第 115—116 小节

1—8　同⑲。

59 第 117—118 小节

1—8　同⑳。（最后姿态上多停两拍）

60 第 119—120 小节

1—2　左脚往 7 点方向迈步点地，同时右手摆动至胸腹之间的位置。

3—4　右脚往 7 点方向迈步点地，同时右手由下往上摆动至正后斜上 45°位置，摆手时头看右手方向。

5—6　重复 1—2 动作。

7—8　右脚踏步并上左脚，同时右手高举于头顶（五指用力撑开）。

61 第 121—122 小节

1—4　右脚往正后退一步同时右手由 7 点向 3 点划至上斜 45°,两拍一动。

5—8　面对 1 点放松身体双屈膝,低头双手拎裙摆慢起上身。

㉜ 第 123—124 小节

1—6　双手将裙摆由两旁拎起至斜上 45°,原地快速自转 2 圈,最后面向 1 点。

7—8　结束造型(左手叉腰,右手甩裙摆至斜后 45°,左脚往旁伸直点地,右脚直立)。

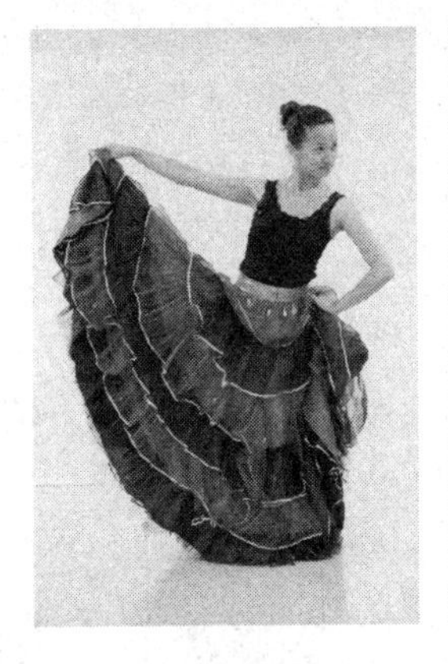

动作图 137

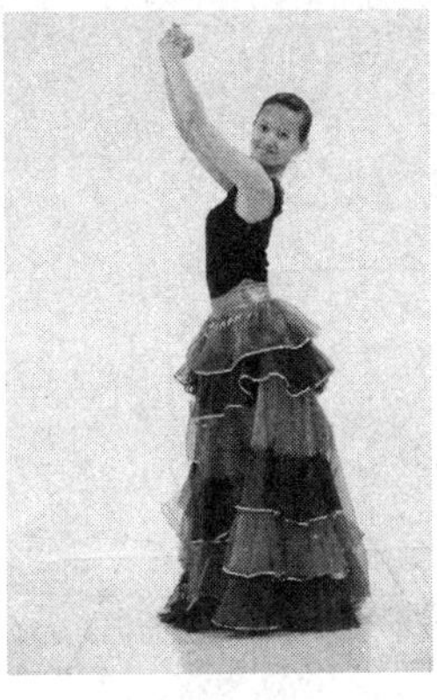

动作图 138

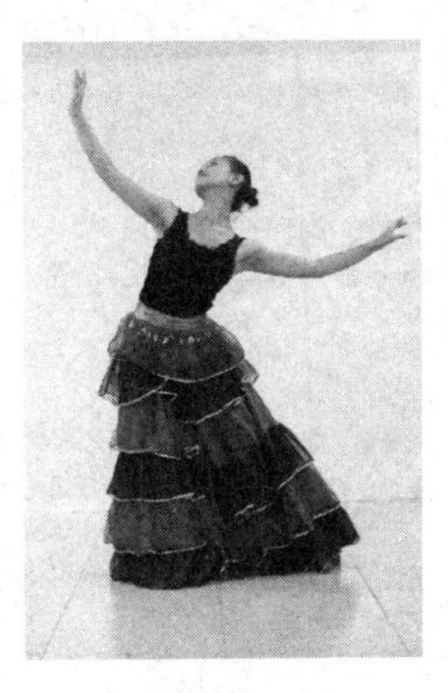

动作图 139

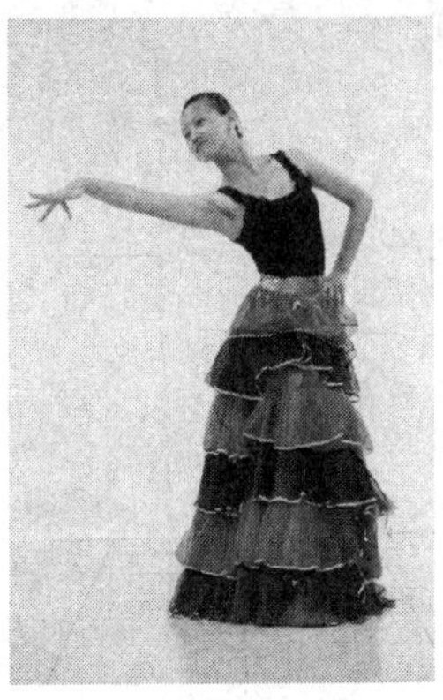

动作图 140

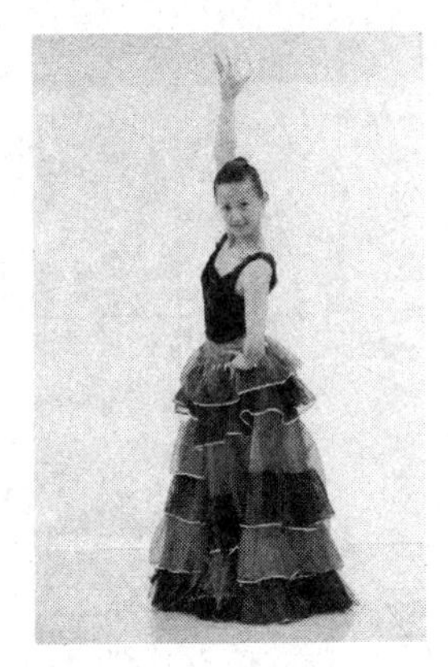

动作图 141

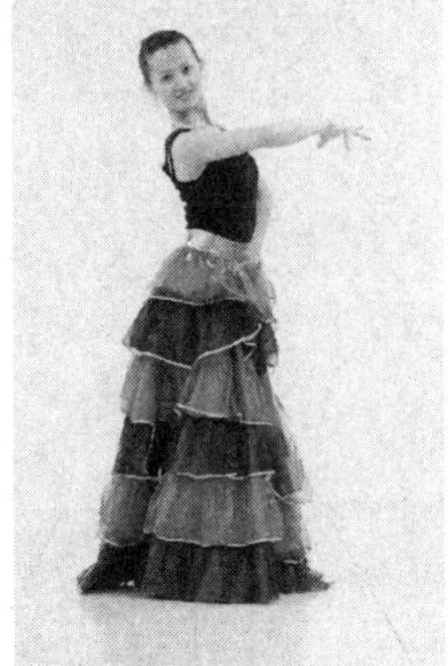

动作图 142

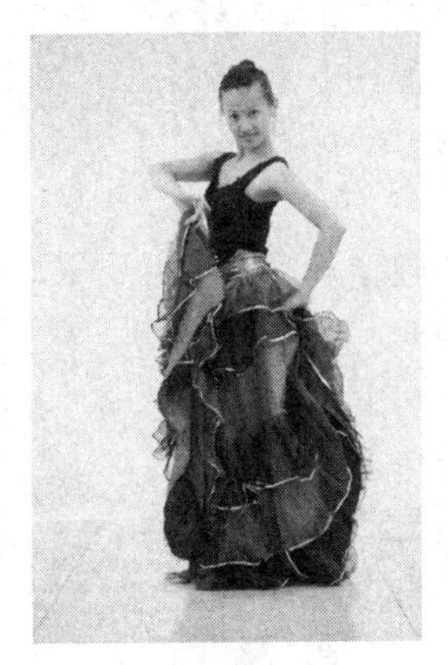

动作图 143

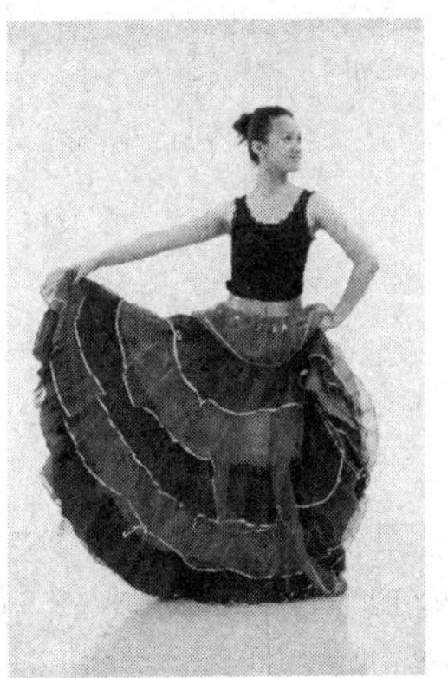

动作图 144

第四篇

幼 儿 舞 蹈

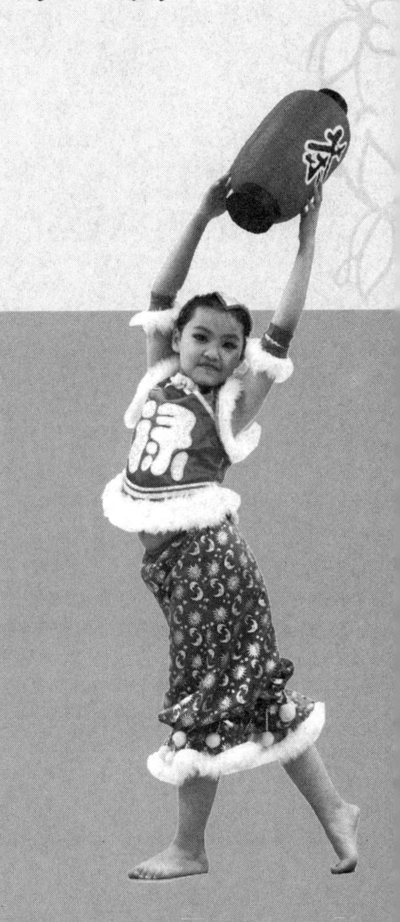

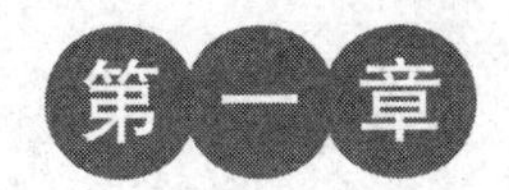

幼儿舞蹈概述

一个人在一生的学习中，最具潜力的时期不在大学，也不在中小学，而是在幼儿时期。我国著名教育家陶行知早就提出“人生最重要的习惯倾向，多半在6岁以前养成，幼儿期是人格形成的重要时期”。现今，幼儿舞蹈教育是我国实施素质教育的一个重要组成部分，是塑造幼儿真、善、美的心灵，促进他们德、智、体、美、劳全面发展的良好途径，对幼儿的身心健康、智力发展、情操陶冶，起到“怡情、辅德、健身”的作用。

幼儿舞蹈是本教材的重点，此部分根据幼儿心理与生理特点，本着集趣味性、科学性、系统性为一体的原则，经过编导组成员精心创编。教材目的是使学生了解和掌握幼儿舞蹈的规律与表现形式，提高创作能力，丰富创作素材，开阔幼儿舞蹈作品编导思路，为以后的舞蹈教学、创作奠定基础。

第一节　幼儿舞蹈特点

幼儿期的孩子有着独特的年龄特征，不论是在心理上还是生理上都与成年人有着很大的不同，所以在开展舞蹈教育前，必须充分了解幼儿实际动作的能力、接受水平以及幼儿的身心特点，这样才能因材施教。根据幼儿实际情况，培养幼儿的表现能力，提高其艺术素养。幼儿舞蹈具有以下四个特点。

一、幼儿舞蹈内容新颖、生动富有童心

幼儿舞蹈教育的内容是要体现出幼儿舞蹈的趣味性、童心性。童心性的舞蹈是指该舞蹈是幼儿在参与过程中能感受快乐的体现幼儿特征的舞蹈。这样的舞蹈才能让幼儿集中注意力认真参与，才能使幼儿舞蹈的教学目标在舞蹈游戏中得以实现。让幼儿在不断的强化练习中，潜移默化地接受科学、语言、艺术、思想等方面的教育。

二、幼儿舞蹈动作简单且来源于生活

舞蹈来源于生活，又高于生活，是生活的体验。优秀的编导老师会注意观察幼儿的一举一动，把他们生活中感兴趣、充满好奇的事物一一记录下来，为创编优秀的舞蹈作品提供素材。幼儿舞蹈的内容应在幼儿的内心活动和现实生活中选取，激发孩子们的好奇心，增强求知欲。同时幼儿正处于生长阶段，运动神经尚不健全，容易疲劳，所以舞蹈动作要简单、明了，且要一学就会。在教授时要线条清楚，方向清晰。这样幼儿会对舞蹈充满着兴趣，因为内容简单，而且孩子们又有过相关的体验或者幻想，自然就会喜欢舞蹈。教师在对幼儿进行舞蹈训练后可以发现幼儿身体和心理上的缺陷，为今后进行有针对性地制定训练计划提供参考。

三、幼儿舞蹈内容要有层次性与系统性

幼儿舞蹈和成人舞蹈一样，有其层次性和系统性。但幼儿舞蹈的层次性又不完全同于成人舞蹈，它不但要体现舞蹈本身的难易程度，更要体现舞蹈所表现的内容是否适合幼儿的情感、认知等心理的发展程度。因此，在选择幼儿舞蹈教育教学内容时，应顾及幼儿的年龄特征。根据小班、中班和大班幼儿的身体能力和心理成熟度，由简单到复杂、再由抽象到直观形象，步步深入、层次分明。让幼儿在系统的教学中学习，增强对舞蹈的了解。同时教师要遵循系统性和层次性的教学原则，不能用繁杂的、无序的训练方式，这

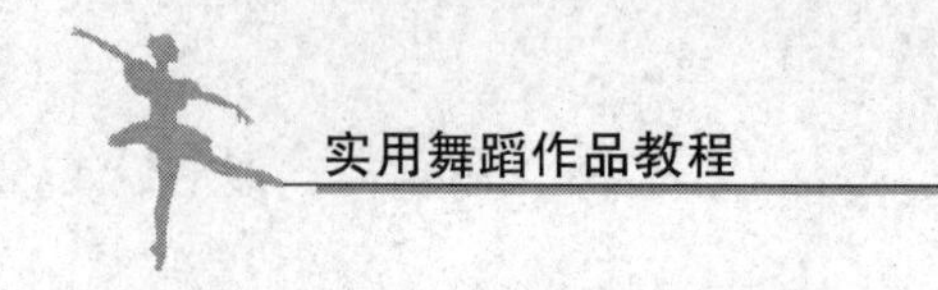

样才能让幼儿快乐学习，快乐舞蹈。

四、歌、舞、话有机结合

幼儿由于年龄偏小，教师们细心观察会发现幼儿在舞蹈时常常喜欢自言自语，往往一边游戏一边说话。他们会用自己的身体语言来补充和指导自己的行动与思维。教师们可尝试用边歌边舞的形式，把幼儿的思维、行动、语言统一起来，让幼儿更加集中注意力。同时也使得幼儿加深对舞蹈作品内容的理解，领会舞蹈语言，体会舞蹈作品所要表达的情感。

第二节　幼儿舞蹈分类

幼儿舞蹈的创编需要对幼儿生活进行细微的观察，精心编制与幼儿生活息息相关的舞蹈素材。同时要了解幼儿的生活特征，把握幼儿身心特点。根据舞蹈的作用和目的，幼儿舞蹈可以分为表演性舞蹈与自娱性舞蹈两类。

一、表演性舞蹈

幼儿表演舞是反映幼儿生活情趣的舞蹈，是幼儿参加活动表演给观众观赏的舞蹈，是供欣赏的提高性舞蹈。舞蹈的题材丰富，体裁多样，动作复杂多样，有特定的内容、情节、角色等。表演性舞蹈有利于提高幼儿参与活动的兴趣，增加幼儿的成就感；同时还可以丰富幼儿的课余生活，锻炼身体，增强体质。通过教师对作品的讲解还可以潜移默化地教育幼儿的思想，培养幼儿的情感。

表演性舞蹈根据内容可分为情节舞与情绪舞两类。

情节舞：其主要艺术特征是通过舞蹈中不同人物的言行所构成的情节事件来塑造人物形象，表现作品的主题内容。

情绪舞：其主要艺术特征是在特定的环境中，以鲜明、生动的舞蹈语言抒发幼儿的思想感情，以此来表达生活的感受。

常用的表演性舞形式有以下两种。

1. 小歌舞

小歌舞，是舞蹈和歌曲相结合的艺术表演形式，其特点是载歌载舞，能反映幼儿的生活情况与生活内容。

2. 幼儿童话歌舞剧

幼儿童话歌舞剧，是一种综合性的表演形式，包含了丰富的内容。这是以歌唱和舞蹈为主要艺术表演手段，幼儿童话歌舞剧所有表现的情节更为复杂，内容更为丰富。

二、自娱性舞蹈

自娱性舞蹈，是幼儿以自娱自乐为目的，提高自身表演能力的舞蹈。可分为以下五种。

1. 律动

从字义上讲，律动可解释为有韵律节奏的身体动作。在幼儿园里称为“听音乐做动作”。这就是幼儿听了音乐敏感地领会音乐节奏、内容，直觉地产生一种与音乐节奏内容相适应的感情，这种感情自然、且富有节奏感，可以结合身体动作与姿态表达出来。由音乐节奏激发感情，同时又把感情变为节奏动作的表现，就是“律动”。幼儿律动是以训练培养幼儿节奏感，按照一定的节奏规律进行的舞蹈小组合练习。它是幼儿歌舞的基础，也是幼儿学习舞蹈最初级的训练内容和手段。

2. 歌表演

歌表演是幼儿最常见的舞蹈。它是以唱、念为主，动作为辅的一种载歌载舞的幼儿舞蹈形式。在童谣、歌曲中配以简单形象的动作、姿态、表情，表达歌词的内容和音乐形象，边唱、边念、边表演，动作一般随童谣或歌曲的终止而结束。

3. 集体舞

集体舞是一种比较容易接受和普及的舞蹈形式，让幼儿集体参与，并以自娱为主要目的。集体舞是可以在一定的队形上反复进行的舞蹈。它的特点是：结构简单、动作统一；轻松愉快、活泼健康、运动适当；并能加强幼儿的集体的观念，增进幼儿之间的团结和友谊。集体舞一般应当在短小歌曲或音乐的伴奏下进行，使幼儿在规定的位置和队形上，做简单统一、互相配合或自由即兴的舞蹈动作，共同体会某种情绪，互相交流情谊或学习基本舞步和动作。

4. 音乐游戏

音乐游戏是在歌曲或乐曲的伴奏下，按照音乐的内容、性质、节奏、乐曲的结构等进行游戏，有一定的规则和动作要求，这些动作常常是律动、歌表演或舞蹈。

5. 即兴舞

即兴舞是可以让幼儿充分发挥想象力与创造力的舞蹈，幼儿根据自己对音乐的理解与体验，自编自演即兴发挥。通过即兴舞蹈的训练，让幼儿个性自由、更加自信，学会用作品表达自己内心的感受，抒发自己的情感。

第三节　幼儿舞蹈创编的基本要求

幼儿舞蹈的创编要遵循艺术创作的共性规律，也要符合舞蹈创作的个性特点。由于幼儿身心特点等原因，决定了幼儿舞蹈与成人舞蹈相比，更具有形象、夸张、天真、单纯、活泼和拟人化等特点，因而在幼儿舞蹈创编中要从幼儿的生理、心理特点出发，探索幼儿舞蹈动作的发展规律。

一、幼儿舞蹈创编要求题材的多样性

幼儿舞蹈的题材可选自孩子们丰富多彩的生活，任何一件发生在他们身上的事经过细心观察的教师去发掘、创作，都可以成为我们构思一部优秀舞蹈作品的题材。幼儿舞蹈的选材应始终追寻幼儿思维的奇特性、好奇性，从孩子们的所见所闻中，挖掘题材，“求童心，唤童趣”，同时也必须追求主题的教育性及作品的新颖性。

1. 从直接生活中选材

通过幼儿本身的形象或借助幼儿本身的生活片段，经提炼、加工成反映幼儿助人为乐、热爱劳动或相互关爱等主题的作品。

2. 间接地从孩子们所喜爱的电视卡通作品、文学作品中取材

如动画片《喜羊羊与灰太狼》是每个小朋友都熟悉的题材，能引起小朋友的共鸣。而且在创编时还可以有很大的空间来进行想象，也可以改变作品的结果。

3. 可以根据重要历史时期所发生的事件进行选材

在选择题材时，可以适当选择具有时代代表性的重要事件来进行幼儿舞蹈作品创作。如2008年奥运会、2010年亚运会的成功举办，孩子们对各项体育运动有了浓厚兴趣，在舞蹈作品《我们跳起来》中，把小朋友们的亲身经历用舞蹈的形式淋漓尽致地表现出来。

二、幼儿舞蹈创编要根据幼儿的年龄段特点

1. 小班幼儿的年龄段特点

要对幼儿进行年龄上的划分，在教学时了解不同年龄段的孩子，并采用不同的方法、手段进行训练。

1）模仿性强，小班年龄段的孩子主要学习方式是模仿，这一时期的幼儿通过模仿来学习动作，但还无法控制在一段时间里持续、单一地重复做某一动作，他们会更喜欢追逐、跑跳。

2）喜欢边唱边跳，尤其会对那些富有戏剧色彩的、情绪热烈的歌曲产生很大的兴趣，会不断反复地哼

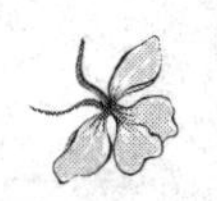

唱，节奏并不准确，听音能力不强。根据小班幼儿的这些特点，舞蹈创编主要以自娱性舞蹈为主，如律动、音乐游戏等。

2. 中班幼儿的年龄段特点

1）四五岁的幼儿身体开始结实，精力很充沛，不但可以自如地跑、跳、攀登，而且可以单足站立，模仿动作的能力明显提高，既能坚持练习，又能坚持学习较长时间。

2）中班的幼儿能跟上节奏，并可以边唱边拍打。

3）注意力集中的时间较小班时期明显进步，可以适当增加幼儿从事某种活动的时间，如集体舞的排练。

3. 大班幼儿的年龄段特点

1）合作意识逐渐增强。大班幼儿慢慢有了纪律意识，他们开始学会控制自己的言行举止，遵守集体的共同规则，所以可以在舞蹈作品中增加一些队形的变化，这样也可以锻炼孩子们的合作精神。

2）动作协调性增强，平衡能力、控制能力也明显增强，由于各方面综合素养的提升，可以给他们编排一些动作较为复杂的舞蹈。同时也可以在作品中加入道具，让舞蹈作品更加丰富。

三、幼儿舞蹈创编的音乐选择

1. 幼儿舞蹈音乐应悦耳动听，旋律流畅且欢快

优秀的幼儿舞蹈音乐应具有趣味性、教育性，能启发幼儿展开丰富的联想。提高幼儿对音乐的感性力、记忆力、想象力和表现力，陶冶幼儿的性情和品格。

2. 音乐的节奏要强烈、鲜明，能引起幼儿的舞动感觉

一首好的音乐，其节奏的动静、强弱、停顿等都应鲜明。音乐形象生动具体，乐句最好是整齐便于记忆的，这有利于幼儿对舞蹈形象、情感的表现和抒发。音乐形象能唤起孩子对美的向往，从而达到美的熏陶和情操的陶冶。选择篇幅短小、节奏鲜明、旋律优美的乐曲，容易被幼儿接受和激发其情绪，是幼儿舞蹈创编的重点。

3. 根据幼儿年龄特征选择童谣或诗歌等不同形式作为表演曲目

幼儿舞蹈是诗歌（文学）、音乐、舞蹈三位一体的一种综合艺术。三者共同的使命是表现孩子们的思想感情，通过这种表现来打动孩子的情感。所以，在幼儿舞蹈教学中教师应把音乐、舞蹈、文学融为一体，必要时可用语言补充，使歌、舞、语言相互依存、相互配合。歌表演之所以很受孩子们喜欢，就是因为内容丰富易懂、易于孩子理解和表现。

四、在创编中，根据作品要求，适当进行队形训练与角色安排

舞蹈是一门整体艺术，幼儿舞蹈常常是以统一的动作、整齐的队形来进行表演的，考虑到幼儿的生理特点，幼儿舞蹈的队形变化要简单明了，无论是表演舞还是娱乐性的集体舞，都不宜太复杂、繁琐。在角色的安排与变化上要遵循简单好记、角色单一的创作原则，故事情节与人物不宜太多。

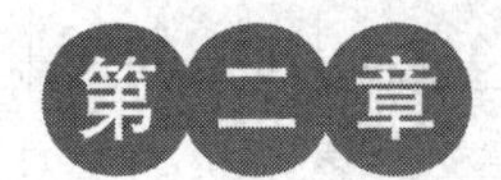

幼儿舞蹈作品

第一节 幼儿舞蹈表演训练

一、幼儿舞蹈作品：《茶韵》

1. 基本动作名称

后踢步、双蹦步、小碎步、旁点步、踏步。

2. 训练目的

通过作品的训练有意识地培养幼儿对音乐的感受力与身体的协调能力，激发幼儿学习舞蹈的兴趣，并在表演中挖掘他们的想象力与创造力。

3. 教学提示

① 要求做“举茶罐”的动作时，手要伸直，跳踢勾步向左、向右时要顶胯并下旁腰，同时拿道具“茶罐”的手要架起不能夹紧。

② 注意后踢步时脚要绷脚，而旁点步时出脚应勾脚。

③ 单跪在地板上的动作注意脚背贴地，支撑的脚膝盖要保持 90°，含胸低头。

④ 后踢步时，体态要保持直立，不要前倾、后仰。

4. 作品道具

椭圆形灯笼或者茶罐，每人一个。

5. 动作分解

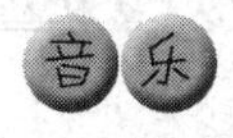

幼儿舞蹈作品音乐

茶　韵

1 = C $\frac{2}{4}$ ♩= 108

中板

任爱英　曲

（前奏）

(1♭35 235 | 1♭35 235 | 14♭6 246 | 14♭6 246) | 3 - | 5 6 | 5 - | 5 - |

0 12 | 4 3 | 2 - | 2 - | 0 5 | 2 1 | 6 1 | 1 3 | 2 56 | 7 6 | 5 - | 5 - | X 0X |

0 X | X 0X | 0 X | X 0X | 0 X | X 0X | 5612 6123 | 55 ♯45 | 0 321 |

♭6 5 6 ♭7 5 6 | 0 4 ♭3 ♭2 | 5 5 ♯4 5 | 0 3 2 1 | ♭7 6 7 1 6 7 | ♭7 1 ♭3 4 1 3 4 5 | 7 7 ♯6 7 |

0 ♯5 ♯4 3 | 1 7 1 2 7 1 | 0 6 5 4 | 7 7 7 ♯6 7 | 0 ♯5 ♯4 3 | 2 ♯1 2 3 1 2 | 2 3 5 6 3 5 6 7 |

5 5 ♯4 5 ♭6 6 5 6 | 6 6 ♯5 6 ♭7 7 6 7 | 7 7 ♯6·7 | 3 6 6 5 5 ♯4 5 | ♯4 4 ♯3·4 | 7 ♯5 5 ♯4 5 4 3 |

♯4 4 3 4 | 0 3 ♯4 3 4 3 ♯2 | ♯1 1 0 ♯5 1 | 7 ♯1 7 ♯6 7 | 7 ♯4 3 4 3 | ♯4 ♯5 7 ♯1 | 7 - | 7 - |

7 7 ♯6·7 | 0 6 6 5 5 ♯4 5 | ♯4 4 3·4 | 0 ♯5 5 ♯4 5 4 3 | ♯4 4 3 4 | 0 3 ♯4 3 4 3 ♯2 |

♯1 1 0 ♯5 1 | 7 ♯1 7 ♯6 7 | 7 ♯4 3 4 3 | ♯4 ♯5 7 ♯1 | 7 - | 7 - | 7 ♯6 7 X | ♯1 ♯7 1 X |

♯1 1 ♯7 1 | 1 7 7 ♯6 6 ♯5 6 | ♯5 5 ♯4·5 | ♯6·6 ♯5 6 5 ♯4 | ♯5 5 ♯4 5 | 0 ♯4 ♯5 4 5 4 ♯3 |

♯2 2 0 ♯6 2 | ♯1 ♯2 1 ♯7 1 | ♯1 - | 0 ♯6 ♯1 ♯2 | ♯1 1 1 1 1 1 | ♯1 1 ♯7 1 ♯2 | 3 0 5 6 | 5 0 5 6 |

5 0 | 2 1 2 6 5 | 4 0 1 2 | 4 0 1 2 | 4 - | 5 4 5 ♭3 ♭6 | 1 0 ♭3 4 | ♭3 0 3 ♭6 |

1 0 ♭7 ♭6 | ♭7 1 0 4 ♭3 | ♭2 0 ♭4 3 | ♭2 0 ♭6 7 | ♭2 2 ♭3 | ♭2 1 2 ♭3 | ♭6 6 5 6 6 6 5 6 |

♭6 6 5 6 0 | 6 6 ♯5 6 6 6 5 6 | 6 6 ♯5 6 0 | 7 7 ♯6·7 | 0 6 6 ♯5 5 ♯4 5 | ♯4 4 3·4 |

0 ♯5 5 ♯4 5 4 3 | ♯4 4 3 4 | 0 3 ♯4 3 4 3 ♯2 | ♯1 1 0 7 1 | 7 ♯1 7 ♯6 7 | ♯1 1 7·1 |

0 7 7 ♯6 6 ♯5 6 | ♯5 5 ♯4 5 | 0 ♯5 ♯6 5 6 5 ♯4 | ♯5 5 ♯4 5 | 0 ♯4 ♯5 4 5 4 ♯3 | ♯2 2 ♯6·2 |

♯1 ♯2 1 ♯7 1 | ♯1 - | 0 ♯6 ♯1 ♯2 | ♯1 1 1 1 1 1 | ♯1 1 1 1 ‖

准备姿态：躺在地上，膝盖微微弯曲（注意绷脚），双手向 8 点方向伸直。

① 第 1—4 小节

1—8　做伸懒腰状，五指张开双手架起摇头后吸腿并步站直。

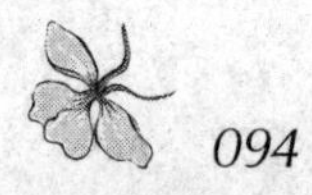

② 第 5—8 小节

1—4　双手呈斜线，左手在上，右手在下，手指呈兰花指状。原地向左转圈之后，碎步，小腿（左）往后踢（勾脚），手跟着同一方向甩手。

5—8　做 1—4 相反动作。

③ 第 9—12 小节

1—8　跳踢，勾步出右脚。

④—⑤ 第 13—20 小节　同③。

⑥ 第 21—24 小节

1—4　双手呈 90°，右手在上，左手在下，向左招手。

5—8　做 1—4 相反动作。

⑦ 第 25—28 小节

1—8　小碎步退场。

⑧ 第 29—32 小节

1—4　手拿茶罐（注意道具茶罐"茶"字向前），双手伸直（右手上左手下）塌腰，膝盖伸直向左走路。

5—8　原地小碎步转。

⑨—⑪ 第 33—44 小节　同⑧。

⑫ 第 45—48 小节

1—4　跳踢，并把双手向右伸直。

5—8　做 1—4 相反动作（注意膝盖伸直）。

⑬ 第 49—52 小节

1—8　手往上伸直，立半脚尖，之后手往下，左右摆动，然后跳踢勾步向前出右脚（勾脚）。（侧面图示见动作图 145）

⑭ 第 53—56 小节

1—2　立半脚尖，手伸直，两拍后手往下，向左向右摆，往右跳。

3—4　身体向右，同时手伸直，往右划圈，手收到腰旁，同时半蹲。

5—8　向前推手，伸直，同时脚伸直，头面向观众。（见动作图 146）

⑮ 第 57—60 小节

1—4　双手架起茶罐在腹前，做跳踢勾步（先跨左脚，出右脚，胯往左顶，手跟着往左摆，双手架起，茶罐在胯部前，注意右脚要勾脚）。

5—8　做 1—4 相反动作。

⑯ 第 61—64 小节

1—8　1—4 手伸直，脚往后跳踢，5—8 并脚跳（做半蹲状，且脸部挡在茶罐后），单脚跪。左脚在前 90°，右脚在后（注意脚背贴地）。

⑰ 第 65—68 小节

1—4　收左脚跪坐，身体往前倾，塌腰，手伸直，往回收且身体立起来。

5—8　身体前倾，塌腰，手伸直停住两拍，起左脚呈 90°，同时两手架起茶罐放腹部前。（见动作图 147）

⑱ 第 69—72 小节

1—8　双手伸直，碎步向后退，5—8 原地向左转圈。

⑲ 第 73—76 小节　同⑯。

⑳ 第 77—80 小节

1—4　跳踢勾步，往后退，同时手往上举。

5—8　做 1—4 相反动作（手伸直往前并塌腰）。

㉑ 第 81—84 小节

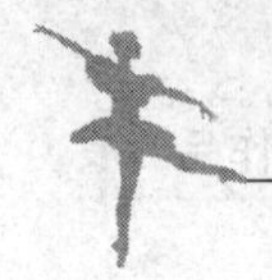

1—4　左脚在前单腿跪，向2点方向呈90°，右脚在后，脚背贴地，双手架起茶罐，放在左胯前，停四拍。(见动作图148)

5—8　起身，同时手从右向左划半个圈伸直往上，下左旁腰，左脚在前，右脚在后。(见动作图149)

㉒ 第85—88小节

1—8　单膝跪地，左脚在上，右脚在下，双手架起时，脸挡在茶罐后面。

㉓ 第89—92小节

1—4　两拍把茶罐放在正前方，两拍跪坐。双手交叉放腹部前，同时身体立起，两手向两旁划开，同时跪坐。(见动作图150)

5—8　重复1—4。

㉔ 第93—96小节

1—8　1—2举起茶罐后，3—4放下，5—8做㉒的5—8的相同动作。

㉕ 第97—100小节

1—4　拿起茶罐，双手往上举直，立半脚尖，四拍后收手，架起茶罐放腹部前，同时左脚往里踢，头往右靠。

5—8　做1—4相反动作。

㉖ 第101—104小节

1—4　双手架起茶罐放腹部前，同时右脚往里踢，头往左靠。

5—8　并步，身体往8点方向跳，同时塌腰，双手往前伸直。

㉗ 第105—108小节

1—4　把茶罐放下，之后右脚向里踢，头向左靠。

5—8　做1—4相反动作。

㉘ 第109—112小节

1—4　并步，身体往8点方向跳，同时塌腰，手往前伸直，停两拍。

5—8　右脚往右跨步，胯往右顶，勾左脚，同时手呈顺风旗(右手高左手低)。

㉙ 第113—116小节

1—8　同㉘。

㉚ 第117—120小节

1—8　双手垂下摆动，且垫脚稍稍往前，1—4双手在胸前，交叉往两旁划开，5—6单跪(左脚在前往2点方向呈90°，右脚在后脚背贴地)。7—8跪坐，同时两手撑地，指尖相对，低头。

㉛ 第121—124小节

1—2　一拍抬头，一拍低头，两手交叉伸直搭在膝盖上，同时身体后靠。

3—4　拿起茶罐从右向左划圈，跪坐，把茶罐放在正前方，双手打开往上扬，下巴稍往上抬。

5—8　也可做造型动作。(见动作图151、152)

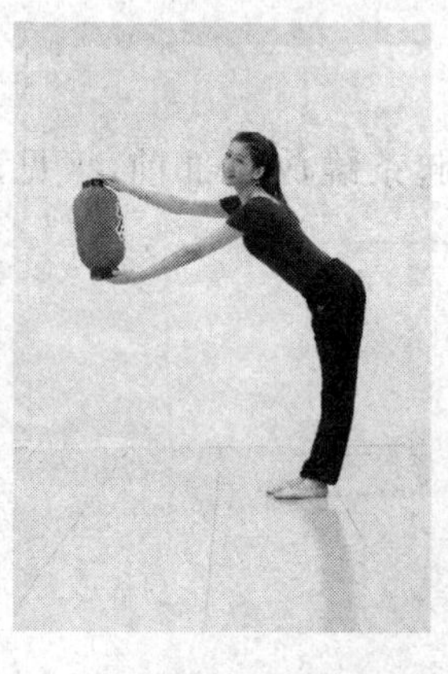

动作图145

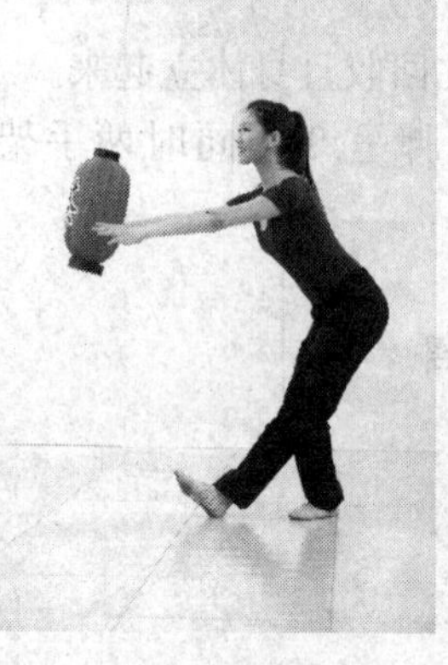

动作图146

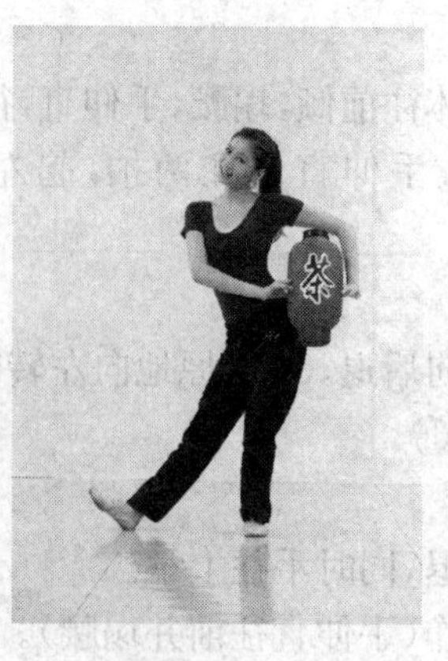

动作图147

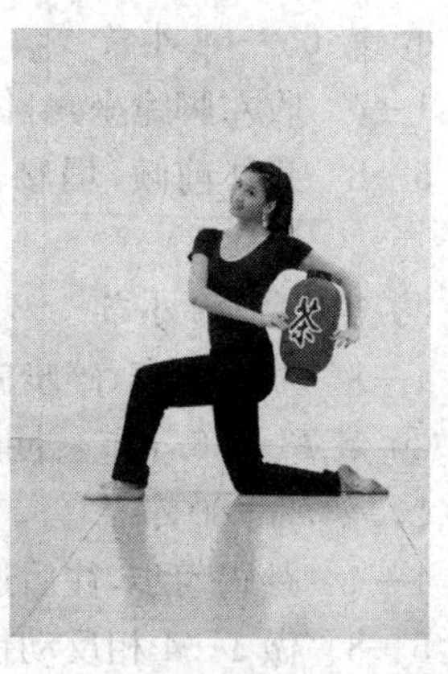

动作图148

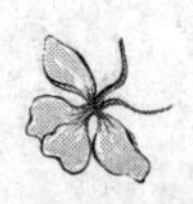

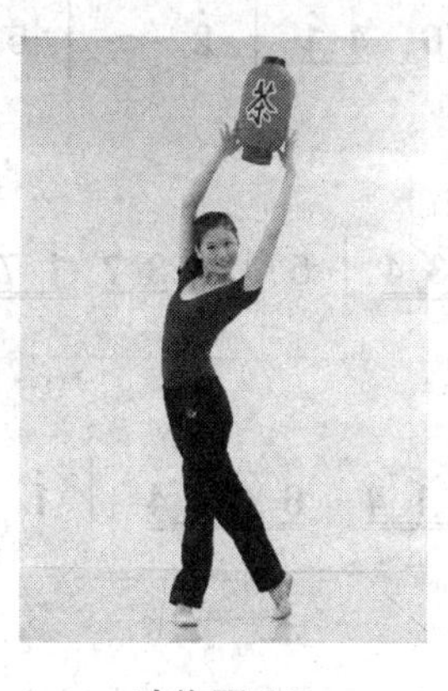

动作图 149

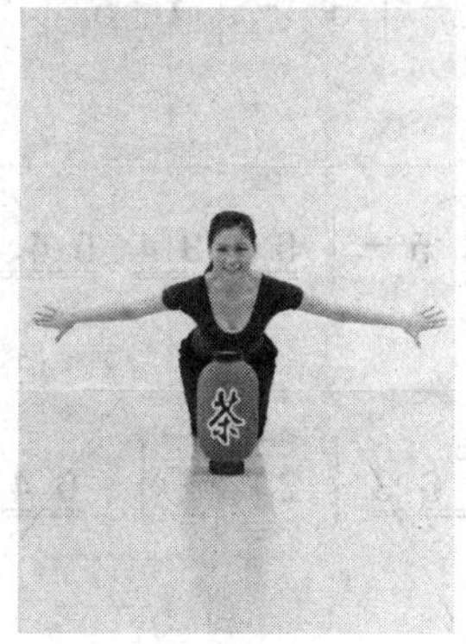

动作图 150

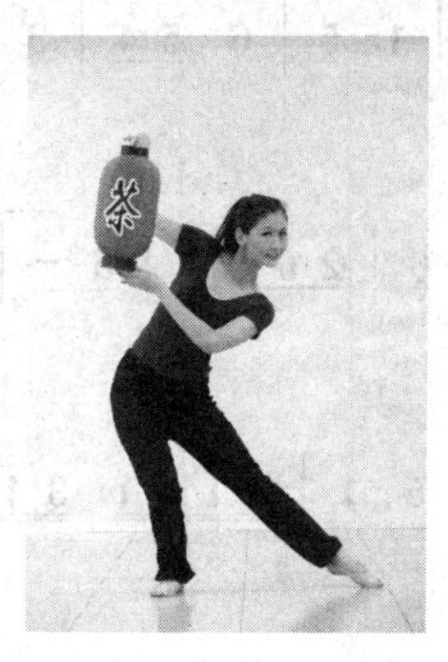

动作图 151

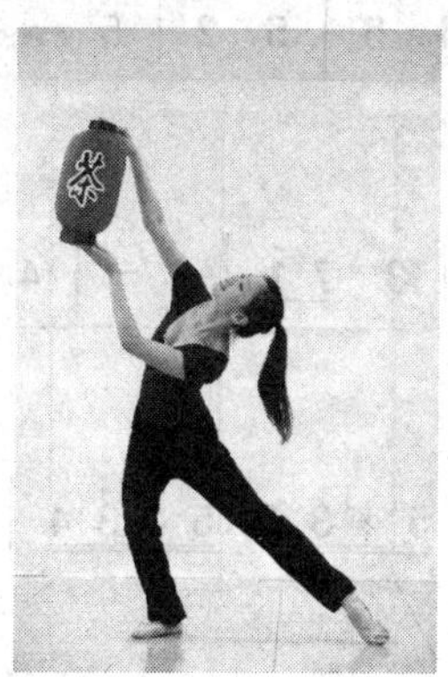

动作图 152

二、幼儿舞蹈作品：《太阳花》

1. 基本动作名称

前进步、大踏步、碎步、前踢步、双扬手。

2. 训练目的

培养幼儿对音乐的感受力，发展幼儿动作的控制与协调能力，在表演训练中激发孩子的想象力，同时掌握住明快活泼的舞蹈风格。

3. 教学提示

① 要求幼儿单膝跪地时，头要往下看；

② 注意脚的不同形状，根据作品需要，正确掌握钩脚、绷脚；

③ 注意身体的重心移动；

④ 注意移动队形时，要保持身体挺拔姿态，不要出现塌腰、翘臀的现象。

4. 作品道具

两朵比手掌稍大的太阳花。

5. 动作分解

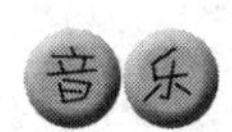

幼儿舞蹈作品音乐

太　阳　花

1 = F $\frac{2}{4}$ ♩= 138

小快板

孙宁玲　曲

（前奏）

(1 3　5 7 | i 3　5 7 | i　– | i　–) |: 5·1　3·1 | 5·1　3·1 | 6 ♭6 5 ♯4　5 | 2　5 | 5·1　♭3·1 |

5·1　♭3·1 | 5 ♭5 4 3　2 | 5　2 |[1. 1·4　♭6·4 | i·4　♭6·4 | i 7 ♭7 6　♭6 | ♭6　♭3 | 1·4　♭6·4 | i·4　♭6·4 |

2 ♭2 1 5　♮2 | 6　2 :||[2. 1·4　♭6·4 | i·4　♭6·4 | i 7 ♭7 6　♭6 | 2　♭6 | 4·1　♭3·1 | 4·1　♭3·1 |

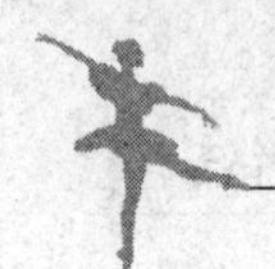

5♯454 5 | 5 2 | 5 - | 1· 5 | 6 54 | 3 - | 5 - | 1 5· | ♭6 4i̇ | 2̇ - | 5 - |

1 5· | 3 7i̇ | 6 - | 4·6 | 2652 | 5 - | 5 - | 5434 5434 | 5 1 | 37 i̇7i̇7 |

5 - | 54♭34 5434 | 5 1 | ♭31♭61 3163 | 2 - | ♭6414 6414 | i̇ ♭6 |

2♭7 7i̇175 | ♭7 - | 5434 5434 | 5 i̇ | 72̇72̇ 4̇3̇2̇7 | i̇ - | i̇·6 4·i̇ | 7 - |

4·2 7·7 | 6 - | 3·1 6·6 | 5·4 3·2 | 3·4 5·6 | 2 - | i̇·6 4·i̇ | 7 - | 4·2 7·i̇ |

6 - | 4·2 1·6 | 5·4 5·4 | 4·2 5·7 | i̇ - ‖

准备姿态：左手放在胸前，右手向上伸直，右脚在前边，重心在右脚。（见动作图153）

① 第1—4小节

1—2　双脚并拢，双手交叉。

3—4　双脚并拢，双手呈花状。

5—6　双脚并拢，双手向下交叉放，头向下。

7—　双脚并拢，双手向下伸。

8—　右脚单膝跪，双手放在身体两侧，头向下。

② 第5—8小节

1—4　双脚与肩宽，双手往上托。

5—6　双脚合并，双手直立向上。

7—8　双手上下重叠，左脚直立，右脚弯曲。

③ 第9—12小节

1—8　双手弯曲，右脚往上勾。

④ 第13—16小节

1—4　左手在胸前，右手向上伸，右踏步，抖右手。

5—8　右手摆臂向左，重心在右脚上。

⑤ 第17—20小节

1—4　双手打开，原地踮脚跑。

5—8　左手放胸前，右手向上伸。

⑥ 第21—24小节

1—4　双脚原地跑，双手重叠。

5—8　右单膝向下跪。

⑦ 第25—28小节

1—2　左手放在胸前，右手向上伸，右脚在前边，重心在右脚。

3—4　右脚向后伸，右脚跪地，双手放两侧，头向上仰。

5—8 双手向前伸，双脚跪，头低，臀部在小腿上。

⑧ 第 29—32 小节

1—2 双手前伸，手掌呈花状，双脚跪地，头向前看，臀部坐在小腿上。

3—4 双手向上伸，手掌反衬，双腿跪地，臀部离腿，头向前看。（见动作图 154）

5—8 双脚放在身体右侧，双手移向身体右侧。（见动作图 155）

⑨ 第 33—36 小节

1—4 双脚交叉，双手重叠。

5—6 抖头。

7—8 双脚、双手打开在两侧。

⑩ 第 37—40 小节

1—2 左脚弯曲，右脚向 45°伸出，两手弯曲。（见动作图 156）

3—4 右脚弯曲，左脚向 45°伸出，左手伸直，右手弯曲。（见动作图 157）

5—8 先左手向前，后右手向前（2 次）。

⑪ 第 41—44 小节

1—4 右脚单膝跪下。

5—6 踮脚立直，双手向上托。

7—8 双手交叉，右脚勾起。

⑫ 第 45—48 节

1—4 双手打开，原地踮脚跑。

5—8 身体向前倾，塌腰，双手弯曲在脸旁边。（见动作图 158）

⑬ 第 49—52 小节

1—2 左脚向前 45°，右脚直立踮脚，左手向旁，右手在肩前。（见动作图 159）

3—4 右脚向前 45°，左脚直立踮脚，右手向旁，左手在肩前。

5—8 重复 1—4。

⑭ 第 53—56 小节

1—4 双手打开，原地踮脚跑。

5—8 双手放在腰后顶胯。

⑮ 第 57—60 小节

1—8 双手弯曲，右脚往上勾。

⑯ 第 61—64 小节

1—4 双手由下往上抬，双脚原地踮脚踩。

5—8 左手在胸前，右手向上伸，右脚在前，踏步位。

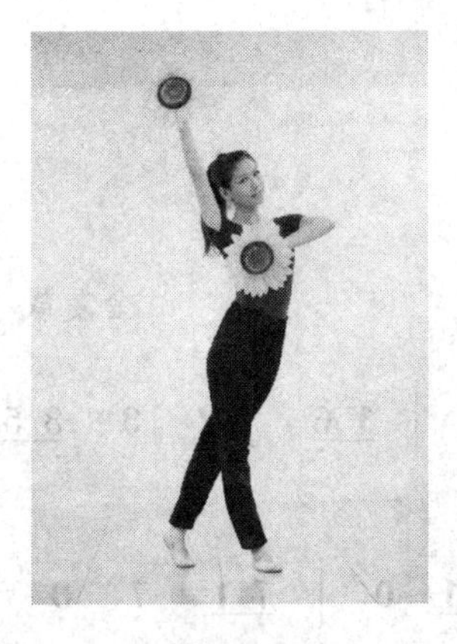

动作图 153

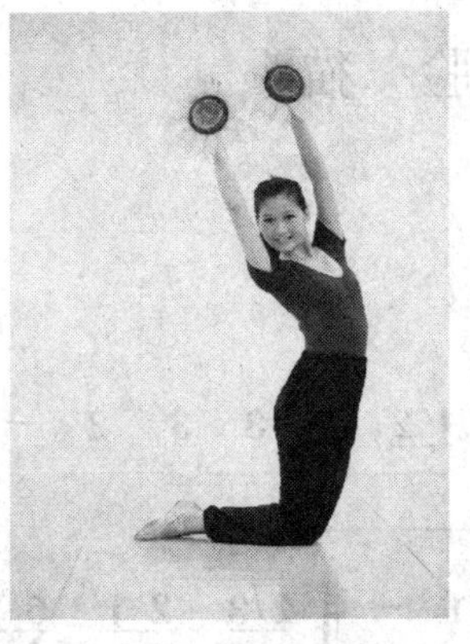

动作图 154

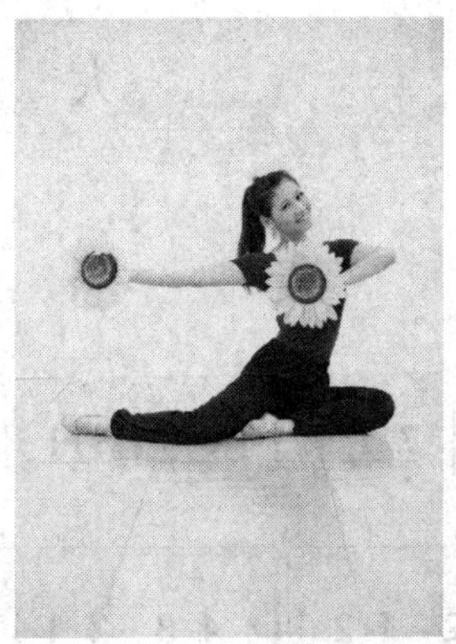

动作图 155

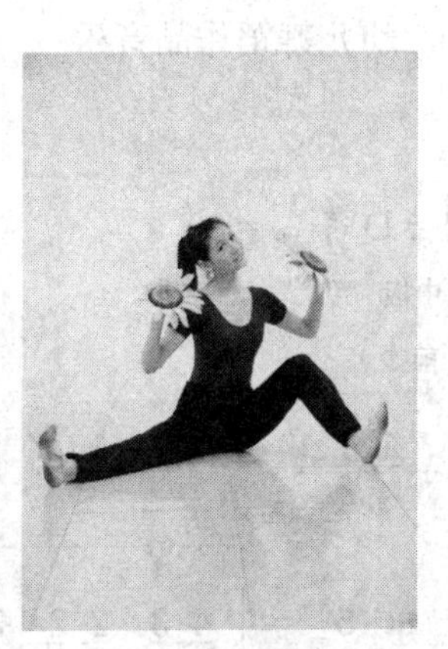

动作图 156

⑰—⑲ 第 65—76 小节　同⑥—⑧。

⑳ 第 77—80 小节

1—8　双手打开，左脚在后，重心在前，头向前看。（见动作图 160）

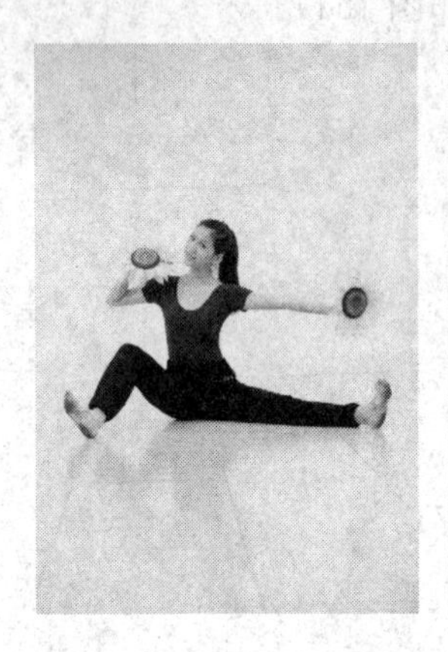
动作图 157

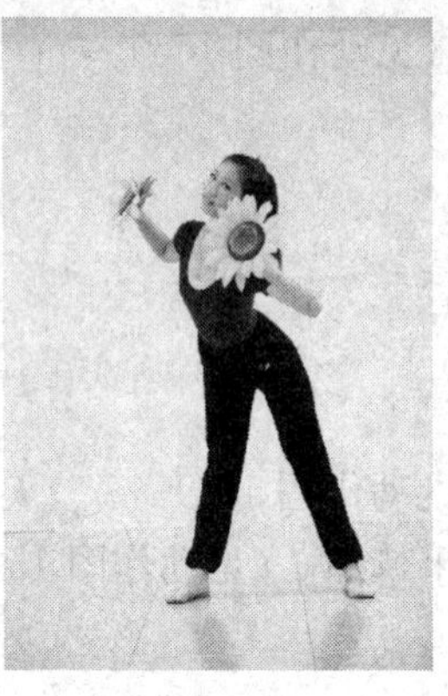
动作图 158

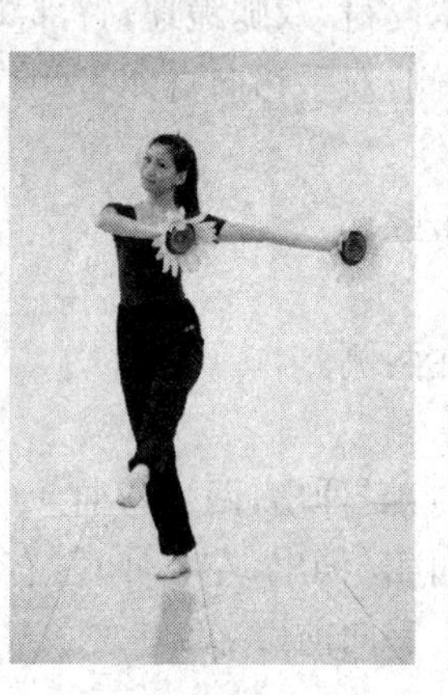
动作图 159

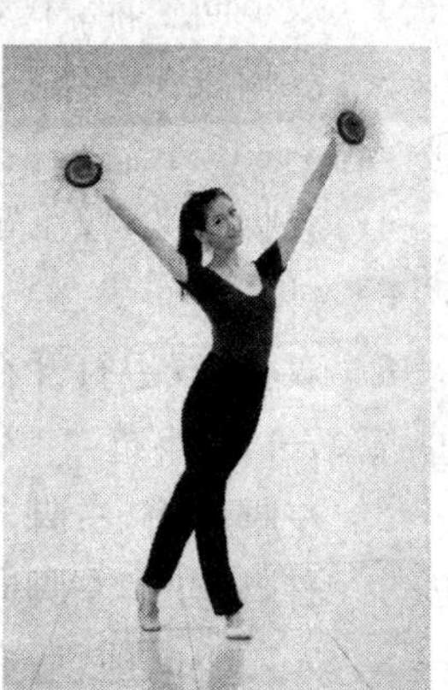
动作图 160

三、幼儿舞蹈作品：《大脸猫》

1. 基本动作名称

跑跳步、小碎步、推指、左右坐胯、顶胯。

2. 训练目的

通过舞蹈动作与表情来表达舞蹈作品内容，提高对舞蹈形象的理解能力。舞蹈作品训练能增强幼儿对音乐旋律与节奏的感受力，发展幼儿动作的协调能力，让幼儿更加全面地认识舞蹈。

3. 教学提示

① 要求幼儿做小猫的动作时，双手一前一后相互拉动，在前的手要伸直，在后的手要弯曲端起来。

② 注意顶胯时，双腿不能弯曲，双手在身体两侧自然打开。

③ 教师在教授时，要给予引导，让孩子发挥想象力，动作轻巧，有猫的动作特征。

4. 作品道具

自制卡通手套两个，比手掌稍大（戴在手上，根据自身喜好调整大小）。

5. 动作分解

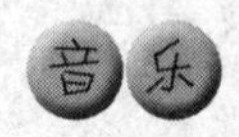

幼儿舞蹈作品音乐

大 脸 猫

1 = D $\frac{4}{4}$ ♩= 80

中板

（前奏）

金复载　曲

（ 7111 01 11 7 | 7111 01 11 12 ）‖: 3 3 2 − | 16 12· 3 35 |

6 6 5 − |[1.] 43 22· 2 12 :‖[2.] 43 21· 1 − ‖ 23 21 51 0 | 71 7 6 − |

Fine.

3 4 3 4 3 4 0 | 3 4 3 2 3 4 | 5· 6 5 3 3 5 | 5 4 4 3 2 – | 2 3 0 3 5 2 0 3 |

2 1 0 0 1 2 ‖
D.C.

准备姿态：身体面向3点，双手握拳做好跑步的动作，准备出场。

① 第1—4小节

1—8 面向3点方向(以跑跳步)跑出去。

② 第5—8小节

1—8 面向观众，1—4跑跳步，5—8身体往后仰，双手捂在嘴边，身体塌腰向前倾，双手打开放在嘴两边。(见动作图161)

③—④ 第9—16小节

1—8 双脚配合着双手做猫的动作，双手一前一后交替，接着双手从下往上抖动画一个圈。(见动作图162、163)

⑤ 第17—20小节

1—8 身体侧向左边，双手于胸前打开画圆，同时并出右脚，顶胯。(见动作图164、165)

⑥ 第21—24小节

1—8 半蹲向右边侧身，手配合着(左手在上右手在下)向右摆，脚并住同时向右摆。(见动作图166)

⑦ 第25—28小节

1—8 同①相反方向，双手双脚配合身体向左摇摆。

⑧ 第29—32小节

1—8 1—4双手双脚再次配合身体向左摆动，再用踏步转向后面，手捂住嘴转身；5—8右脚向前并脚，身体塌腰向前倾。

⑨ 第33—36小节

1—8 保持身体塌腰向前倾，双手架在嘴巴两侧，踏步。

⑩ 第37—40小节

1—8 身体面向左侧，双手指着8点方面，小碎步点地。

⑪ 第41—44小节

1—4 1—3摆三个造型，第4拍停住。

5—8 同1—4。

⑫ 第45—48小节

1—8 面向观众，做猫的手势，双手一上一下错开，双脚配合，接着双手从下往上划圈。(动作图167)

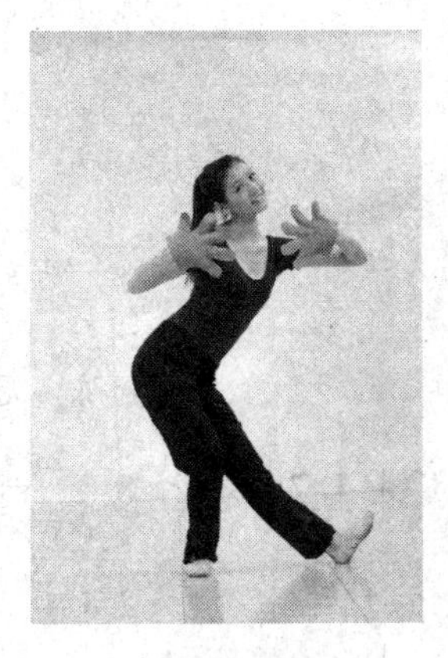

动作图161

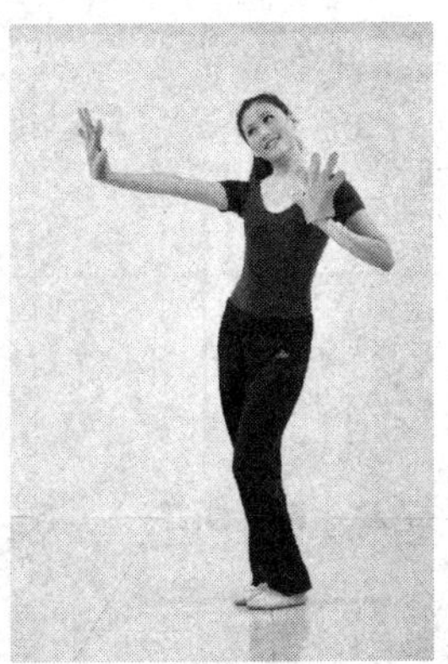

动作图162

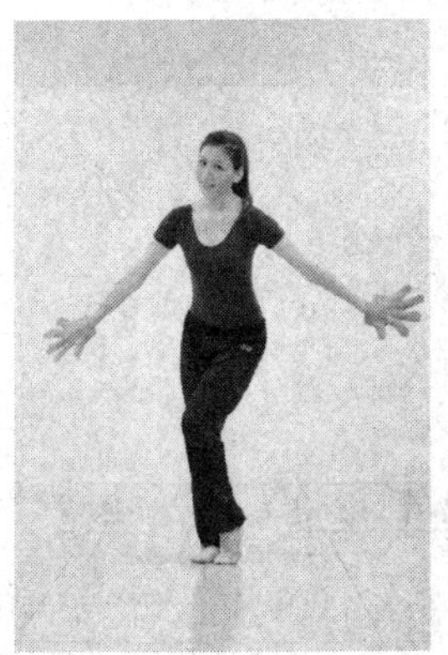

动作图163

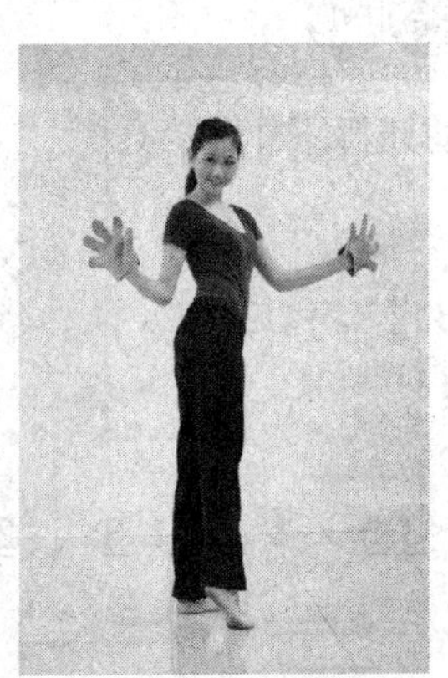

动作图164

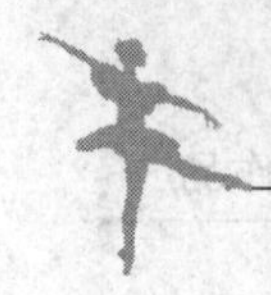

⑬ 第 49—52 小节

1—4　手伸直举高，跑跳步跳回原来位置。

5—8　双手捂住嘴，身体半蹲，往左转一圈半后背对观众。

结束造型。（左手叉腰，右手往上伸直，猫的手势）（见动作图 168）

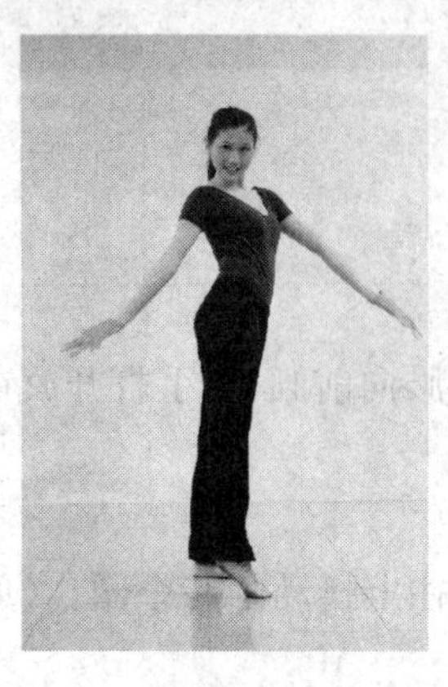
动作图 165

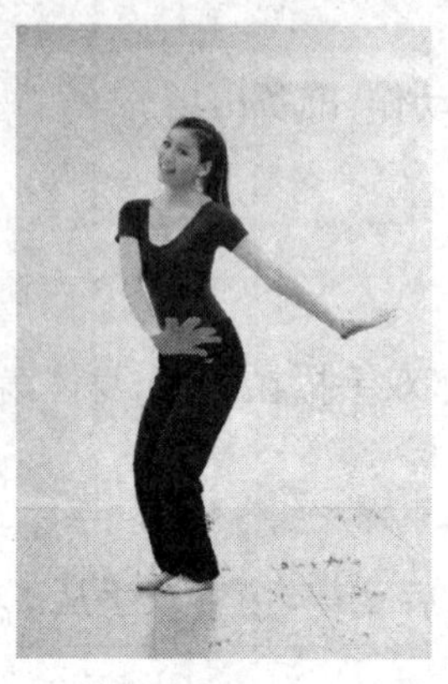
动作图 166

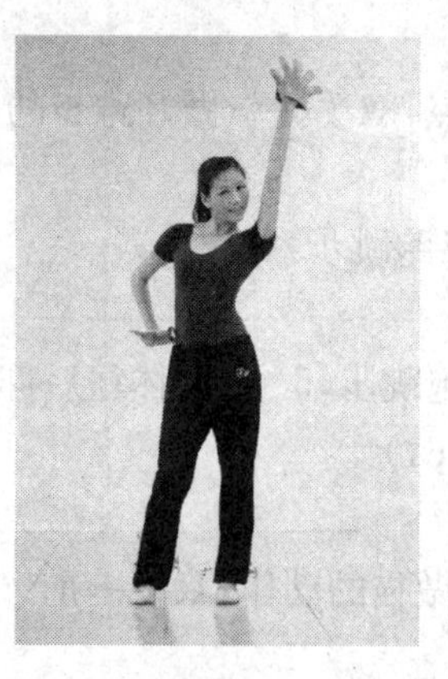
动作图 167

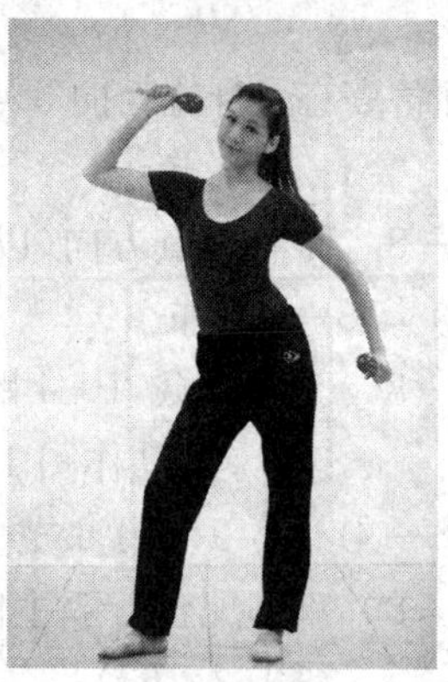
动作图 168

四、幼儿舞蹈作品：《洗澡操》

1. 基本动作名称

扭臀部、顶胯、蹦跳步。

2. 训练目的

通过作品表演，训练幼儿的体态，发展幼儿动作的控制与协调能力。同时提高幼儿的理解能力，增强舞蹈表演的感觉。

3. 教学提示

① 双手始终要抓紧道具沙锤。

② 在教授做洗澡动作时，两手向同一方向做动作要相互配合。

③ 注意向左顶胯时，手做右边洗澡动作，向右顶胯时手做左边洗澡动作。

④ 注意顶胯时，顶胯的一边要与同一边的腿成一条直线，腿不能弯曲，另一面腿的膝盖可以微弯。

⑤ 强调此舞蹈的表演内涵，让幼儿能把洗澡的快乐用身体语言表达出来。

4. 作品道具

两个沙锤。

5. 动作分解

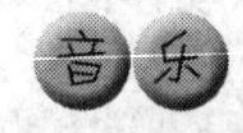

幼儿舞蹈作品音乐

洗　澡　操

1 = ♭B 4/4 ♩= 136

小快板

陈　冠　曲

（前奏）

(3 3 5 1 1 3 | 2·1 2·3 4 2·1 | 7 5 7 5 | 1·7 1·2 3 –) |

3 3 5 1 1 3 | 2·1 2·3 4 2·1 | 7 6 5 7 | 1 – – – |

‖: 5·3 3 3 3·3 2 1 | 0 0 1 1·2 3 | 4· 4 4 4 5·4 3 2 | 0 0 2 2·3 4 |

6·6 6 － － | [1.] 5 0 5 5 | 3 － － － | 3 － － － :‖

[2.] 5 － 5 7 | 1 － － － | 1 － － － | i i i i 7·6 |

7 7 7 7 6· 5 | 6 0 6 6 i 6 | 6 6 5 － | i i i i 7·6 |

7 7 7 7 6· 5 | 6 6· 6 6 i | 0 0 i 7 | i － － － ‖

准备姿态：双脚打开与肩同宽站好。

准备拍两小节：背对前方，双脚打开，向左边顶胯 8 次。

① 第 1—4 小节

1—8　背对前方，双脚打开，向左边顶胯的同时手做右边洗澡动作，共做 8 次。

② 第 5—8 小节

1—8　背对前方，双脚打开，向右边顶胯的同时手做左边洗澡动作，共做 8 次。然后向左边跳过来正对前方。

③ 第 9—12 小节

1—8　正对前方，双脚打开，向左边顶胯的同时手做右边洗澡动作，共做 8 次。（见动作图 169）

④ 第 13—16 小节

1—8　正对前方，双脚打开，向右边顶胯的同时手做左边洗澡动作，共做 8 次。

⑤ 第 17—20 小节

1—4　双手握着沙锤齐平于胸前，手肘向下摆动两下，同时脚跳 2 步。（见动作图 170）

5—8　双手握着沙锤平行略低于胸前左右摆动 4 下，同时并脚左右扭动臀部 4 次。（见动作图 171）

⑥ 第 21—24 小节　同⑤。

⑦ 第 25—28 小节

1—8　双手握着沙锤在胸前打开，同时膝盖微弯双脚踩小碎步。（见动作图 172）

⑧ 第 29—32 小节

1—8　双手握着沙锤齐平于胸前，手肘向下摆动时露出大拇指，同时出右脚向前、左、后、右四个方向顶右胯，两拍一个动作。

⑨ 第 33—36 小节　同⑤。

⑩ 第 37—40 小节　同⑤。

⑪ 第 41—44 小节

1—8　左手握着沙锤架在胸前，右手在胸前向旁打开，同时膝盖微弯，双脚踩小碎步。（见动作图 173）

⑫ 第 45—48 小节

1—8　双手前后摆动同时向左、后、右、前四个方向踏步，两拍一次。

⑬ 第 49—52 小节

1—8　踏出左脚，顶左胯，同时双手伸直在斜左上方搓两下（见动作图 174），顶右胯，同时双手伸直在身体右侧臀部旁边搓两下，顶左胯，同时双手伸直在身体左侧臀部旁边搓两下，最后顶右胯，同时双手伸直在身体右侧臀部旁边搓两下。

⑭ 第 53—56 小节

1—4　单脚左右跳动共 4 次，同时双手在两旁上下摆动共 4 次。

5—8　身体前倾并脚点 4 次，同时左手放在腰边右手伸直做握手状。

⑮ 第 59—60 小节

1—8　同⑬。

⑯ 第 61—64 小节

1—8　双腿做跑跳步一个八拍，一拍一次。

⑰ 第 65—68 小节

1—8　面向左边双腿弯曲左下，双手在两旁点地，右腿伸直 90°点 4 下。（面向右边则伸左脚）（见动作图 175）

⑱ 第 69—72 小节

1—8　双手前后摆动正对前方踏步一个八拍，一拍一次。

⑲ 第 73—76 小节

1—8　双手前后摆动正对前方踏步一个八拍，一拍一次。

⑳ 第 77—80 小节

1—8　双手拳心对着前方在胸前左右摆动 4 次，同时伸出左脚钩脚向左边移动 4 步，两拍一次。（见动作图 176）

㉑ 第 81—84 小节

1—8　双手拳心对着前方在胸前右左摆动 4 次，同时伸出右脚钩脚向右边移动 4 步，两拍一次。

㉒—㉓ 第 85—92 小节　同⑤—⑫，接着摆个造型结束。

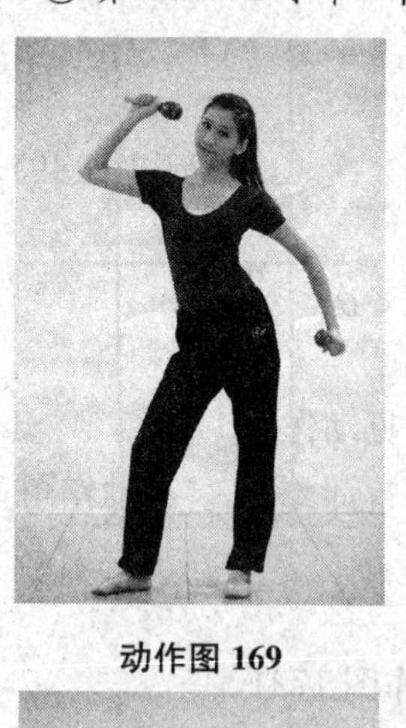
动作图 169

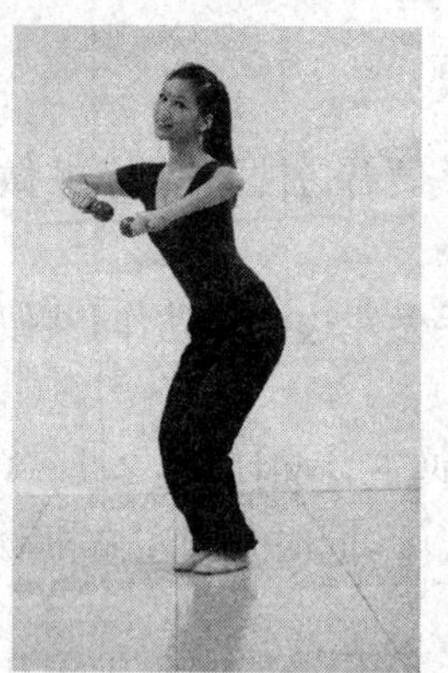
动作图 170

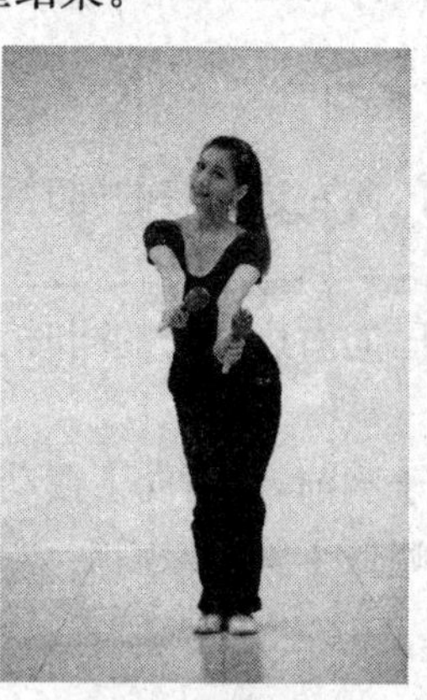
动作图 171

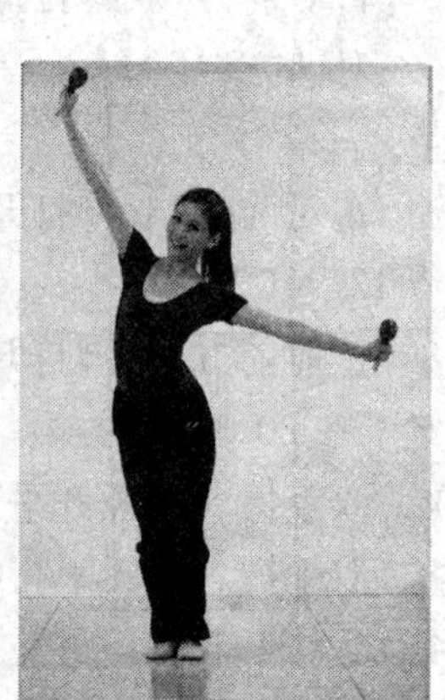
动作图 172

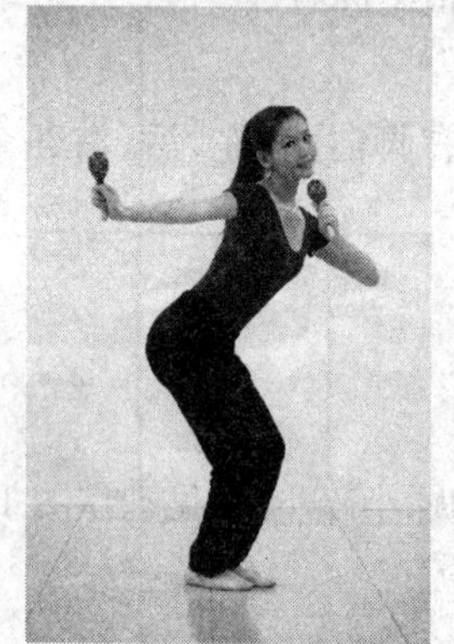
动作图 173

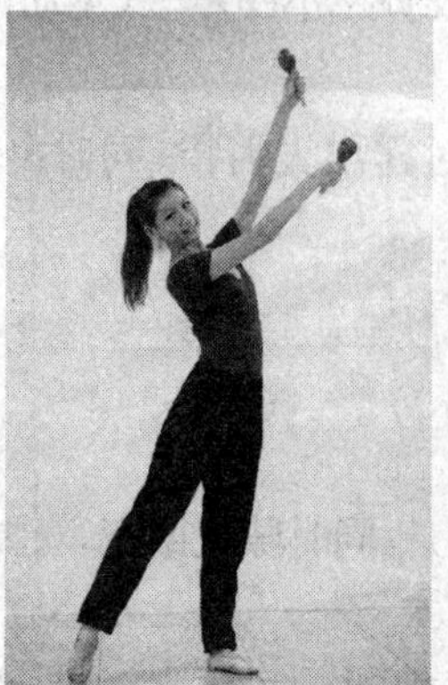
动作图 174

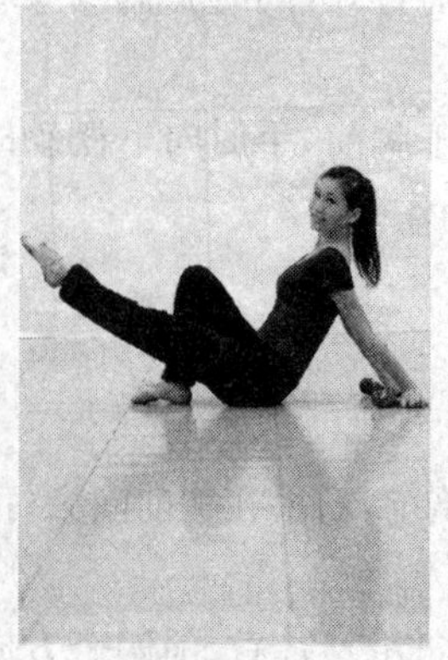
动作图 175

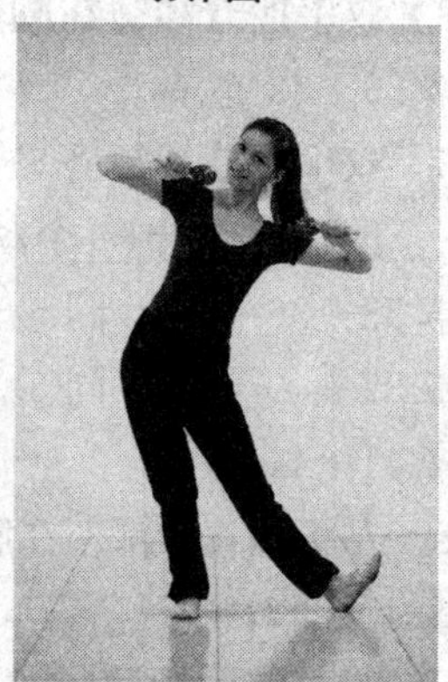
动作图 176

五、幼儿舞蹈作品：《小老鼠》

1. 基本动作名称

小碎步、踏步、老鼠手型、小猫手型。

2. 训练目的

通过小老鼠简单、形象的舞蹈语汇，调动幼儿学习舞蹈的兴趣，培养其理解能力、想象力、感受力。

3. 教学提示

① 要求幼儿做带有老鼠小猫手势的动作时，手要放在作品编导要求的准确位置。

② 注意小碎步的频率，踏步的节奏。

4. 动作分解

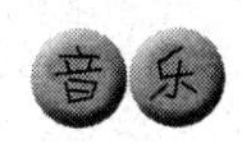

幼儿舞蹈作品音乐

小 老 鼠

1＝C $\frac{4}{4}$ ♩＝156

快板

陆 琦 曲

（前奏）

(5 56 5 5 5 3 1 | 2 2 6 6 2 － | 5 56 5 5 5 3 1 | 2 2 6 7 1 －) |

5 5 6 5 5 5 6 5 | 1 1 2 1 － | 3 3 3 2 3 3 3 2 | 3 ♭3 2 1 － |

1 2 3 1 2 3 | 3 2 3 5 － | 5 6 5 5 5 6 5 5 | 7· 6 5 － |

5· 5 3 5 0 6 5 | 6 － － － | i· 6 5 i 3 2 3 | 5 － － － |

5· 5 3 5 0 6 5 | 6 － － － |[1. i· 6 5 i 0 6 5 6 | i － － － :‖

[2. i· 6 5 i 0 3 2 | i － － － ‖

准备姿态：站在舞台的两旁，手垂直放下。

① 第 1—4 小节

1—4 做老鼠手势放在胸前，向 3 点小碎步直线跑去，一拍一次。

5—8 面向 7 点，动作同 1—4 拍。

② 第 5—8 小节

1—4 面向1点，同①1—4。

5—8 并脚身体后靠，再出前钩右脚点地，做老鼠的造型。（见动作图177）

③ 第9—12小节

1—4 面向1点方向重复①1—4。

5—8 站直，左脚旁弯曲点地，再右脚旁弯曲点地。（见动作图178）

④ 第13—16小节

1—4 并脚半蹲，左侧身做小猫手型，再右侧身做小猫手型。

5—8 并脚身体后靠，再前倾塌腰，做小猫手型。（见动作图179）

⑤ 第17—20小节

1—4 左钩脚旁点地，再右钩脚旁点地，做小猫手型。（见动作图180）

5—8 双手90°合拢与肩膀同高放于胸前，前后踏步。

⑥ 第21—24小节

1—4 重复⑤1—4动作。

5—8 前后踏步变成左右踏步。

⑦ 第25—28小节

1—4 3、5点方位踏步。（见动作图181、182）

5—8 7、1点方位踏步。

⑧—⑫ 第29—48小节 同②—⑥。

⑬ 最后造型。（见动作图183、184）

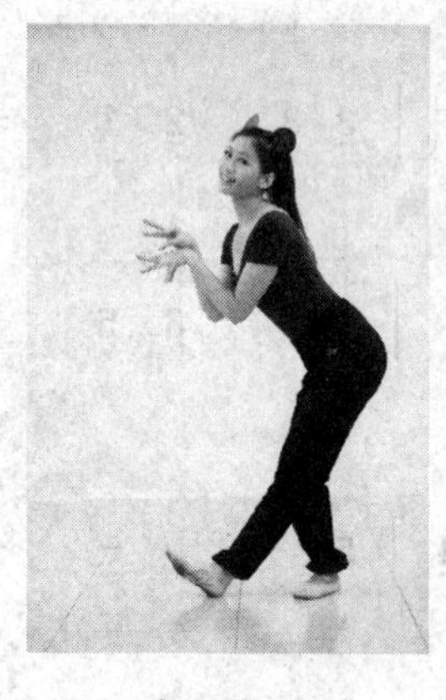
动作图177

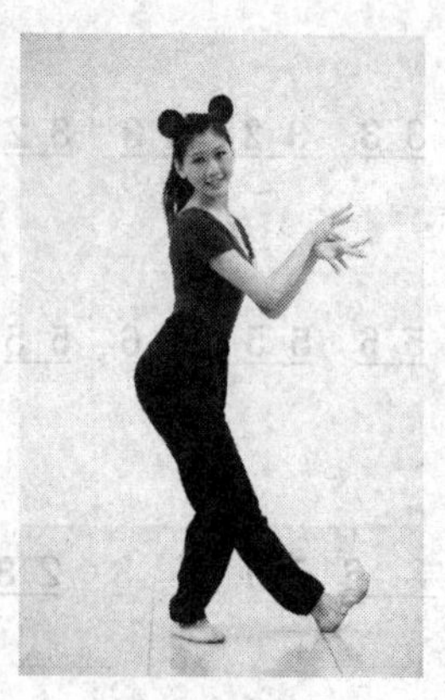
动作图178

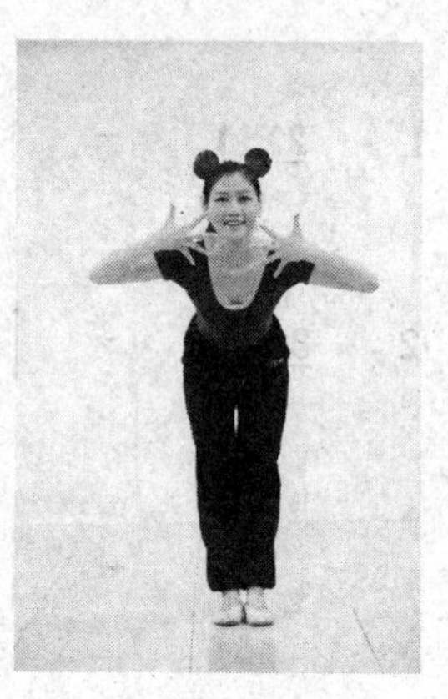
动作图179

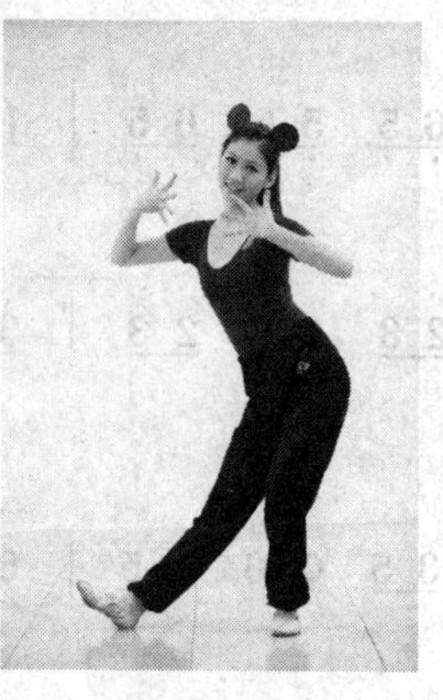
动作图180

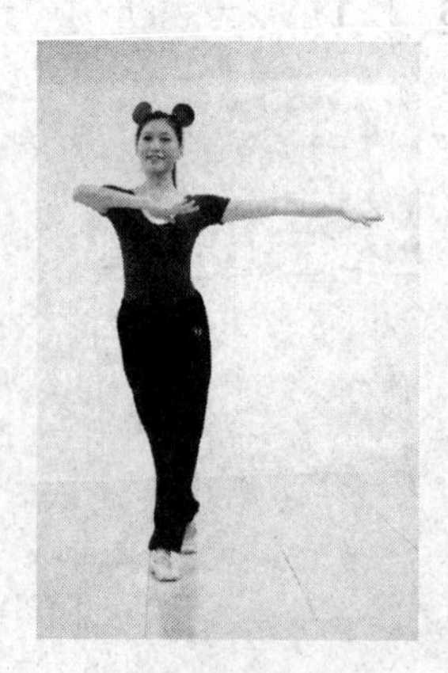
动作图181

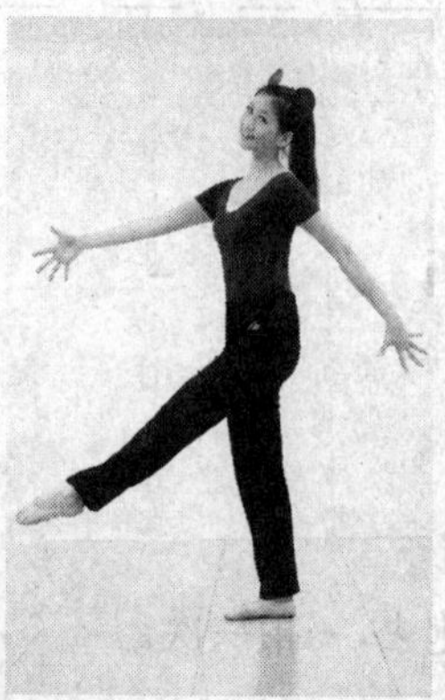
动作图182

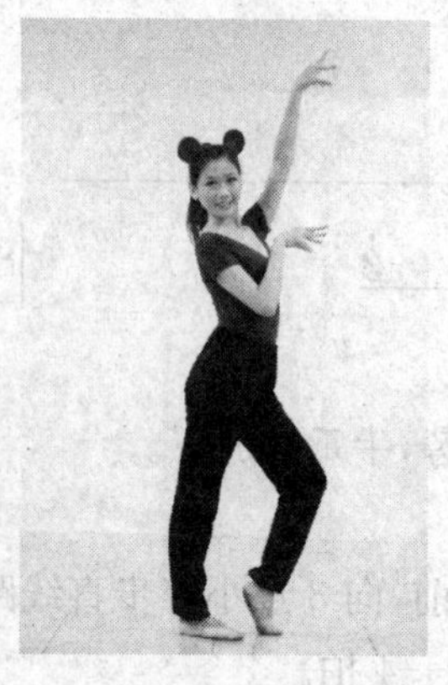
动作图183

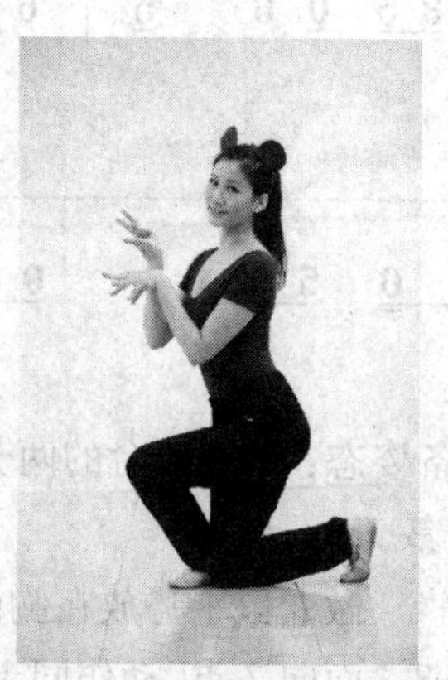
动作图184

第二节　幼儿舞蹈律动训练

一、律动作品：《刷刷刷》

1. 基本动作名称

前踢、顺风旗、吸跳步。

2. 训练目的

让幼儿通过不同的音乐，用身体表达自身感觉。通过训练提高幼儿肢体的灵活性和协调性；使幼儿更有节奏感，动作更灵敏。

3. 教学提示

① 要让幼儿听清楚音乐的律动，适当地给幼儿一些提示；

② 做动作的时候告诉幼儿该挺直的要挺直，注意绷脚，动作要到位。

4. 动作分解

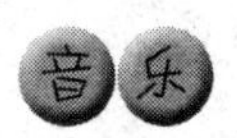

幼儿舞蹈律动音乐

刷　刷　刷

1 = C $\frac{2}{4}$ ♩= 100

快板

马骏英　曲

（前奏）

(6̇6̇ 6̇6̇ | 6̇5̇3̇ 3̇ | 5̇1̇ 2̇1̇ | 1̇ (7̇)1̈) | 5̇1̇ 1̇1̇ | 1̇3̇ 3̇ | 1̇2̇ 2̇2̇ |

2̇1̇5 5 | 51̇ 1̇1̇ | 1̇3̇ 3̇ | 2̇2̇ 2̇5̇ | 5̇ – | 4̇6̇ 6̇ | 1̈6̇1̈6̇ 6̇ |

6̇1̈5 1̈5 | 6̇1̈5 1̈5 | 6̇6̇ 6̇6̇ | 6̇5̇3̇ 3̇ | 5̇1̇ 2̇1̇ | 1̇ (7̇)1̈ ‖

准备姿态：两手放大腿旁，两脚正步站好，膝盖夹紧，抬头挺胸。

准备拍两小节：站立不动。

① 第 1—2 小节

1—2　双手叉腰，右脚吸跳，脚跟着地且勾脚，上身前倾且抬头。（见动作图 185）

3—4　收右脚，吸踢左脚，脚跟着地且勾脚，上身挺直且低头。

5—8　重复 1—4。

② 第 3—4 小节

1—2　左脚吸跳步（在右脚膝盖处绷脚），双手在肩膀前握拳（左手水平方向，右手向上形成顺风旗，掌心向外），眼睛看水平方向的手。（见动作图 186）

3—4　双手收回于肩膀前并握拳，右脚吸跳步（在左脚膝盖处绷脚，眼睛看水平方向的手）。

5—8　重复 1—4。

③ 第 5—6 小节

1—2　右脚吸踢，脚跟着地且勾脚，双手于肩膀前向前打出（平行且掌心相对），抬头，上身前倾。（见动作图 187）

3—4　收回右脚，吸踢左脚，脚跟着地且勾脚，上身前倾，双手于肩膀前向前打出（平行且掌心相对），抬头。

5—8　重复 1—4。

④ 第 7—8 小节

1—2　弓步向右，双手在腰两旁的前面（掌心相对）打圈。（见动作图 188）

3—4　双脚并拢，双手 90°在耳朵旁边，掌心向外，上下跳。（见动作图 189）

5—6　重复 1—2（相反方向）。

7—8　重复 3—4。

⑤—⑧ 第 9—16 小节

重复①—④。

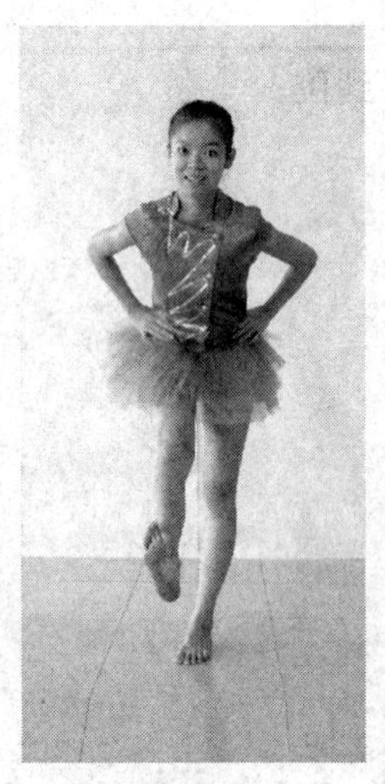
动作图 185

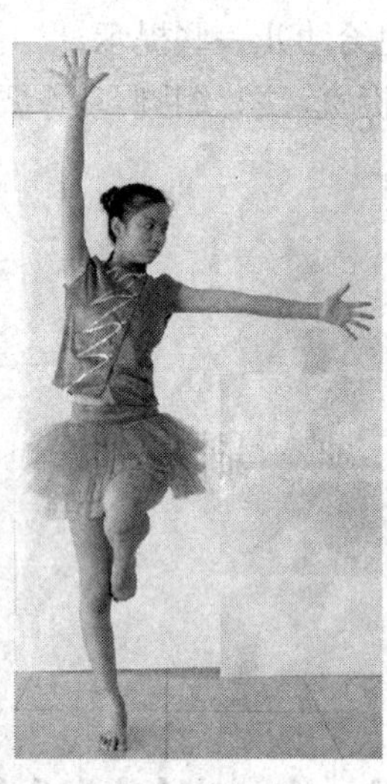
动作图 186

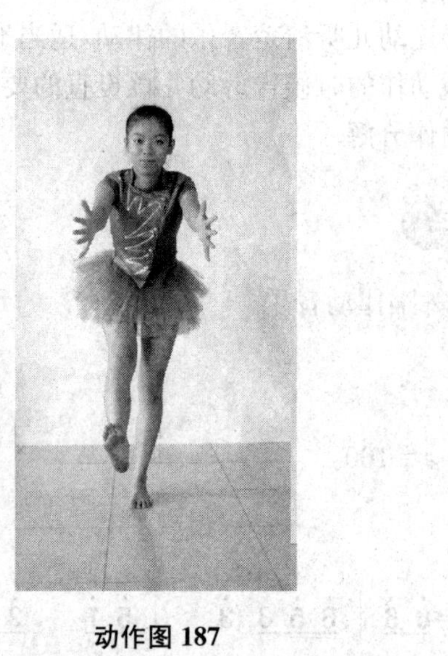
动作图 187

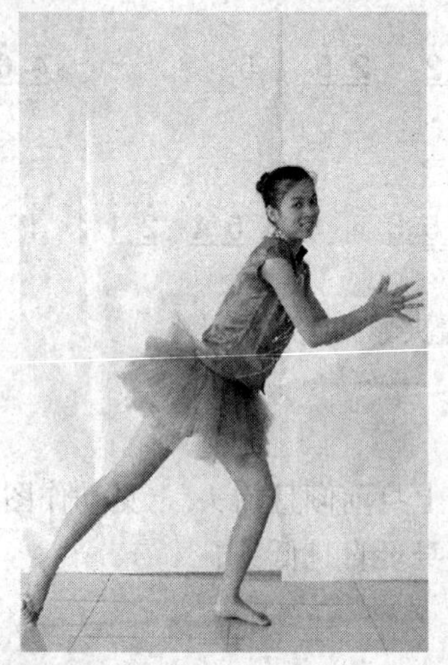
动作图 188

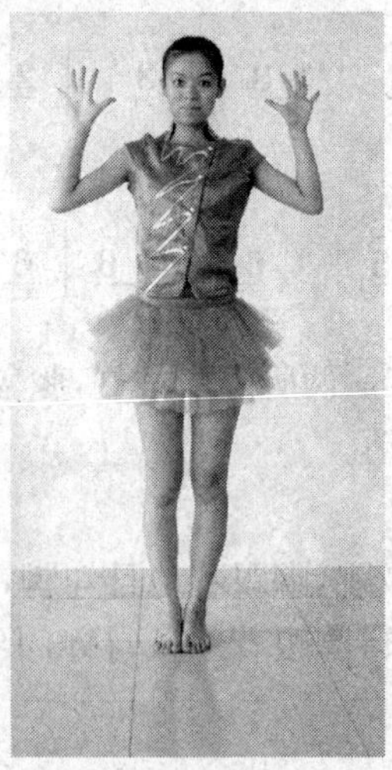
动作图 189

二、律动作品：《小丫丫》

1. 基本动作名称

前踢步、前踏步、半蹲、旁勾脚。

2. 训练目的

通过练习增强身体灵活度及协调性，加强律动节奏感。

3. 教学提示

① 弹手时手肘要伸直且两手平行；

② 前踢时要绷脚；

③ 左右踢腿时要让头跟着动起来，同时双背手；

④ 做每一个动作都要收臀收腹，抬头挺胸，姿态挺拔。

4. 道具

长皮筋 1.5 米。

5. 动作分解

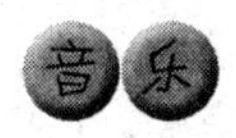

幼儿舞蹈律动音乐

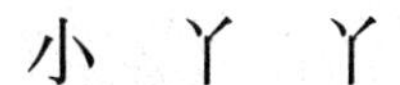

1 = C $\frac{2}{4}$ ♩= 185

急板

佚　名

（前奏）

(5#4 5 1 | 7 0 5 0 | 5 0 7 0 | 1 -) | 𝄋 #4 5 0 1 0 | 7 1 2 0 | #4 5 0 7 0 | 1 2 3 0 |

5#4 5 1 | 7 0 5 0 | 6 0 4 0 | 5 - | #4 5 0 1 0 | 7 1 2 0 | #4 5 0 7 0 | 1 2 3 0 |

5#4 5 1 | 7 0 5 0 | 5 0 7 0 | 1 0 1 0 | 3 1 3 1 | 2 0 6 0 | 3 7 3 7 | 2 0 5 0 |

Fine.

#4 4 4 4 | #4 0 6 0 | 2 0 3 0 | 2 - | 3 1 3 1 | 2 0 6 0 | 3 7 3 7 | 2 0 5 0 |

#4 4 4 4 | 5 0 2 0 | 3 0 #4 0 | 5 0 0 ‖

D.S.

准备姿态：右膝跪地，埋头，双手手尖点地。

① 第 1—2 小节

1—4　左脚弯曲，右脚勾腿在前，脚跟点地。左手兰花指状直立，右手兰花指状托腮。（见动作图 190）

5—8　在头顶展开双臂做翅膀状，手背向上，头微仰，收臀，右脚脚掌完全着地，左脚脚尖点地。（见动作图 191）

② 第 3—4 小节

1—4　双脚并拢弯曲，头微仰，双手在胸前叠加。（见动作图 192）

5—8　同①1—4。

③ 第 5—6 小节

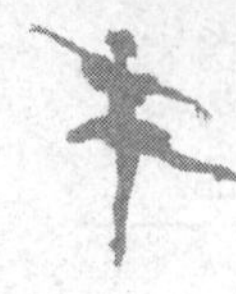

1—2　原地弹跳，双手从自然垂手位弹至头顶，并且反向翘腕弹手，脚弹跳两下，手方向由左到右。（见动作图 193）

3—4　右脚绷脚踢毽步，手方向左。

5—6　脚弹跳两下，手方向由右到左。

7—8　左脚绷脚踢毽步，手方向右。

④ 第 7—8 小节　同③。

⑤ 第 9—10 小节

1—4　向前踢腿，左腿两拍踢一次，右腿两拍踢一次。（见动作图 194）

5—　左脚踢腿。

6—8　右腿踢毽步。

⑥ 第 11—12 小节　同⑤，做反面。

⑦—⑧ 第 13—16 小节

同⑤—⑥。

⑨—⑫ 第 17—24 小节

同⑤—⑥。

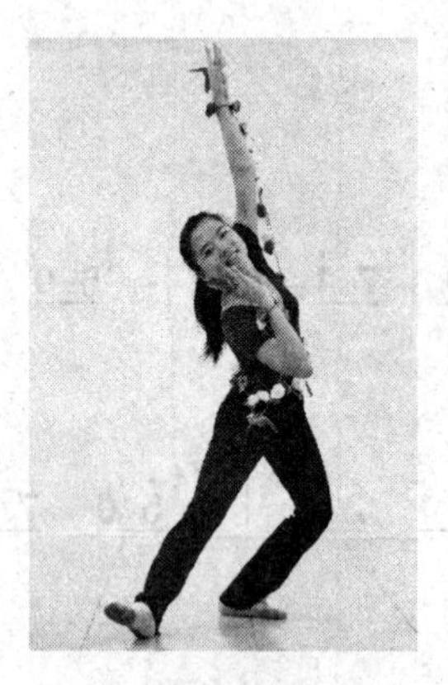

动作图 190

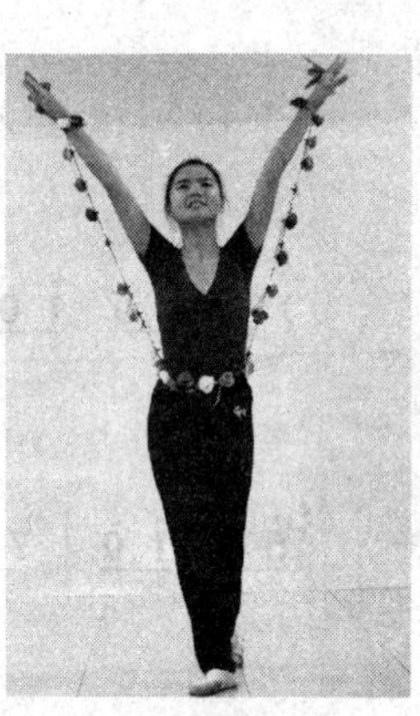

动作图 191

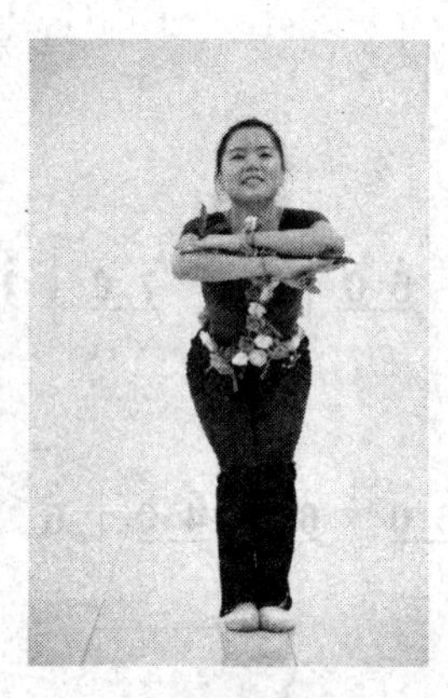

动作图 192

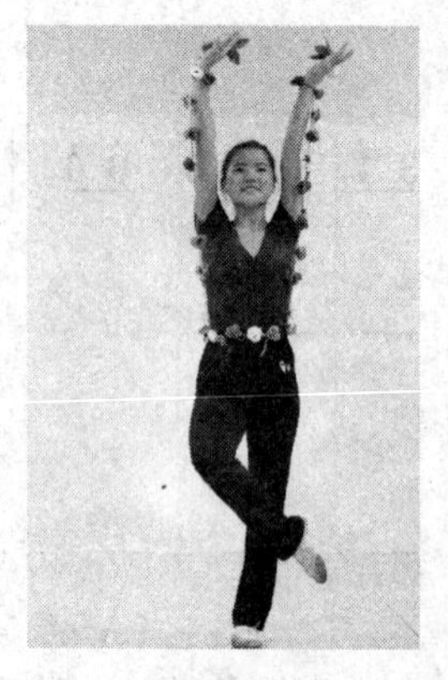

动作图 193

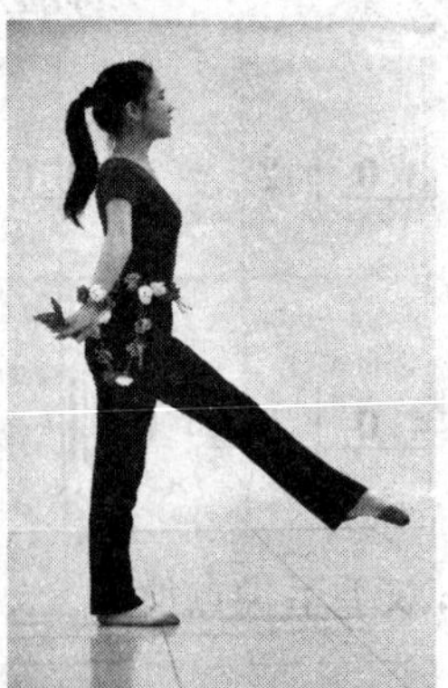

动作图 194

三、律动作品：《小兔子》

1. 基本动作名称

吸跳步、蹦脚跳、小兔手势、顶胯。

2. 训练目的

增强幼儿模仿小动物的能力，激发想象力与创造力，加强律动节奏感，奠定学习舞蹈的基础。

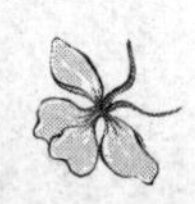

3. 教学提示

① 要求幼儿做带有小兔手势的动作时，手要举高，放在头顶上方的两侧；

② 注意脚是钩脚还是绷脚；

③ 注意顶胯时顶出的那一面要与同一面的腿成一条直线（腿不能弯曲）。

4. 动作分解

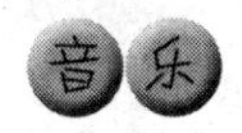

幼儿舞蹈律动音乐

小　兔　子

1 = C $\frac{2}{4}$ ♩= 120

小快板

佚　名

（前奏）

(65 65 | 36 5 | 55 23 | 1 –) ‖𝄋: 5 1̇6 | 5 5 | 35 61̇ | 5 5 | 6 53 | 2 2 |

3 53 | 23 1 :‖ 65 65 | 36 5 | 55 32 | 1 – | 65 65 | 36 5 | 11 23 | 1 – :‖

D.S.
Fine.

准备姿态：面向左边，双手做小兔手势，放在头顶两侧。

准备拍两小节：原地不动。

① 第 1—2 小节

1—4　面向左边，双手做小兔手势，放在头顶两侧，并脚跳 4 次。（见动作图 195）

5—6　两臂重叠，平行放在胸前，与肩同宽；身体向前倾，双腿并拢。（见动作图 196）

7—8　上身向右转，双手做小兔手势，放在头顶上方两侧；右腿抬起，大腿与小腿成 90°，绷脚尖。（见动作图 197）

②—④ 第 3—8 小节　同①。

⑤ 第 9—10 小节

1—8　向上跳，同时双手做小兔手势，手向左（右）上方伸直后收回，放两耳旁，微蹲。两拍一次，做 4 次。（见动作图 198）

⑥ 第 11—12 小节

1—4　双脚打开，与肩同宽，双手做小兔手势，将左胯顶出，左手打直，与肩平行，右手弯曲，放在耳旁，两拍一次，两个方向。（见动作图 199）

5—8　同 1—2，加快一倍（做 3 次）。

⑦ 第 13—14 小节

1—　最后将双手举上头顶，伸直，做小兔手势，身体往左转。

2—4　右腿往上踢 90°，同时双手往下，放身体后侧。然后腿往后收，往下蹲。

5—8　左手叉腰，右手握拳放在前额，低头，胯往左上顶 3 下。（见动作图 200）

⑧ 第 15—16 小节　同⑦。

⑨ 第 17—18 小节

1—2　然后将双手举上头顶，伸直，做小兔手势，身体往右转，右脚向旁跨步，左脚弯曲，左胯往左顶，右手打直，与肩平行，左手弯曲，放在耳旁。收左腿，并脚，左手打直，与肩平行，右手弯曲，放在耳旁。两臂重叠，平行放在胸前，与肩同宽，往下蹲。（动作图 201）

3—8　同 1—2。

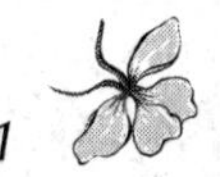

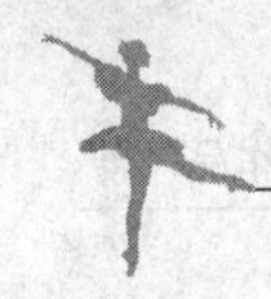

⑩ 第 19—20 小节　同⑨，做反面。

⑪ 第 21—22 小节

1—4　身体朝左边，屈膝，身体向前倾，低头，双手握拳，两臂摆动，原地小跑。（见动作图 202）

5—8　右脚打开，将右胯顶出，右手打直，与肩平行，左手叉腰。然后右手收回，放在耳旁，顶左胯。两拍一次，共 2 次。

⑫ 第 23—24 小节　同⑪，做反面。

⑬ 第 25—26 小节

1—4　向上跳，同时双手做小兔手势，手向左（右）一拍向上方伸直，一拍收回，放两耳旁，微蹲，共做 2 次。

5—8　双脚打开，与肩同宽，双手做小兔手势，将左胯顶出，左手打直，与肩平行，右手弯曲，放在耳旁。然后做相反动作，共 3 次，造型结束。

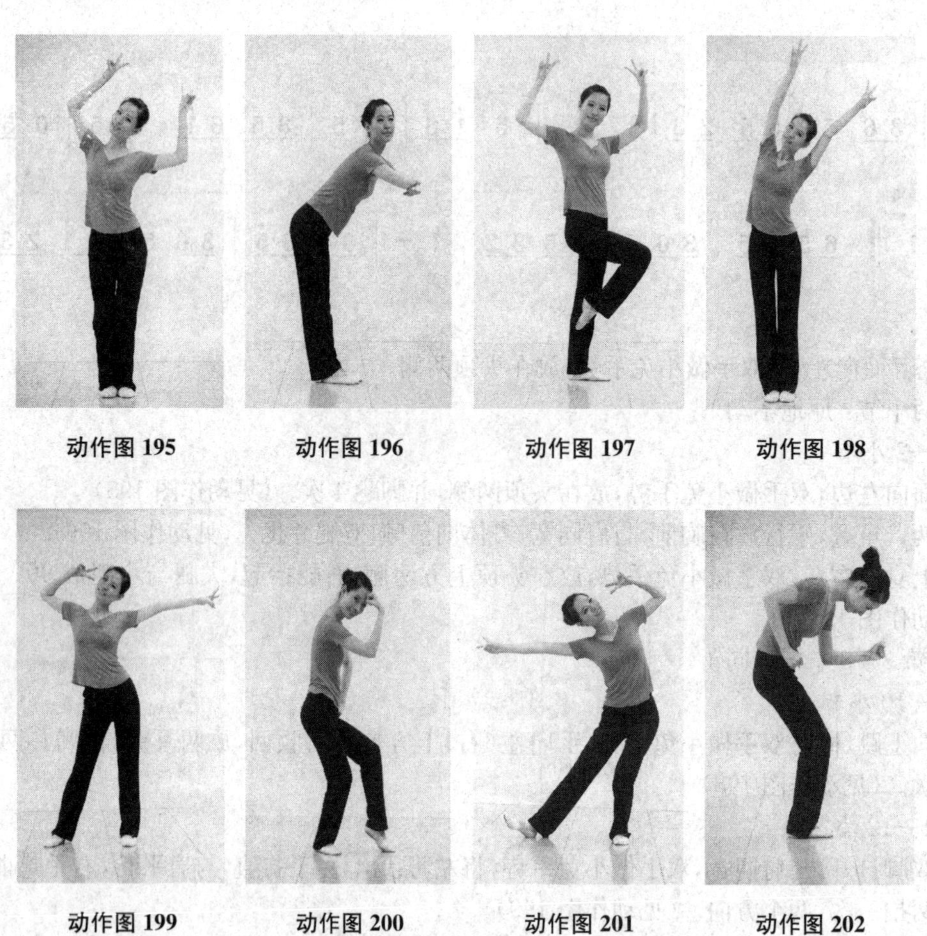

动作图 195　动作图 196　动作图 197　动作图 198

动作图 199　动作图 200　动作图 201　动作图 202

主要参考文献

1. 隆荫培、徐尔充、欧建平:《舞蹈知识手册》.上海音乐出版社,1999年版。
2. 孙国荣、徐美玉:《大学生舞蹈教学指导》.上海音乐出版社,1998年版。
3. 董立言、刘振远:《舞蹈》.高等教育出版社,2005年版。
4. 黄式茂:《幼儿舞蹈教学指导》.上海音乐出版社,2001年版。
5, 李正一:《中国古典舞教学体系创建发展史》.上海音乐出版社,2004年版。
6. 朱立人:《芭蕾术语大辞典》.上海音乐出版社,2003年版。
7. 鞠宇鹏,谢慧珍:《芭蕾教学法》.辽宁人民出版社,1993年版。

图书在版编目(CIP)数据

实用舞蹈作品教程/谢琼主编. —上海:复旦大学出版社,2012.7(2019.4 重印)
ISBN 978-7-309-09076-5

Ⅰ. 实… Ⅱ. 谢… Ⅲ. 舞蹈作品-中国-幼儿师范学校-教材 Ⅳ. J722

中国版本图书馆 CIP 数据核字(2012)第 162383 号

实用舞蹈作品教程
谢 琼 主编
责任编辑/查 莉

复旦大学出版社有限公司出版发行
上海市国权路 579 号 邮编: 200433
网址: fupnet@ fudanpress. com http://www. fudanpress. com
门市零售: 86-21-65642857 团体订购: 86-21-65118853
外埠邮购: 86-21-65109143 出版部电话: 86-21-65642845
上海春秋印刷厂

开本 890 × 1240 1/16 印张 7.5 字数 225 千
2019 年 4 月第 1 版第 5 次印刷
印数 15 401—19 500

ISBN 978-7-309-09076-5/J · 187
定价: 35.00 元
